KB073945

성리학자 기대승, 프로이트를 만나다

연구총서 25

성리학자 기대승, 프로이트를 만나다
Ki Dae-seung Meets Freud

지은이   김용신
펴낸이   오정혜
펴낸곳   예문서원

편 집   김병훈 · 명지연
인 쇄   상지사
제 책   상지사

초판 1쇄   2002년 4월 20일

주   소   서울시 동대문구 용두2동 764-1 송현빌딩 302호
출판등록   1993. 1. 7 제5-343호
Homepage http//www.yemoon.com
E-mail   yemoonsw@unitel.co.kr

ISBN 89-7646-152-5 03150

YEMOONSEOWON 764-1 Yongdu 2-Dong, Dongdaemun-Gu Seoul KOREA 130-824
Tel) 02-925-5914, 02-929-2284 Fax) 02-929-2285

값 7,000원

연구총서 25

성리학자 기대승, 프로이트를 만나다

김용신 지음

예문서원

책의 발간에 즈음하여

1993년쯤 되었을까, 나는 소위 정신분석학의 지식을 활용하여 정치 행동을 분석하는 '정신분석적 정치 이론'(Psychoanalytic Political Theory)을 연구한답시고 미국에서 헤매고 있었다. 오랜 유학 시절을 보낸 뒤 그곳 대학교에서 강의도 하면서 나름대로 새로운 정치 행동 분석 이론을 찾아보려고 애를 쓰던 때였다. 그러다가 어느 날 귀국하여 광주에 들렀는데, 그때 동양 철학 특히 다산 정약용 선생 연구에 일가를 이루신 현암玄菴 이을호李乙浩 박사를 뵙게 되었다. 이 만남이 따지고 보면 지금 이 책을 쓰게 된 직접적 동기였다고 할 수 있다.

나는 5세 때부터 붓글씨를 배워 왔는데, 그 덕에 저명한 서가書家들이나 유학자들과 만날 기회를 많이 가질 수 있었다. 한문을 체계적으로 배우지는 않았지만 어찌나 붓글씨를 고되게 공부했던지, 그 어른들과 주고받는 한마디 한마디를 통해서 어설프게나마 동양의 철학과 역사를 접할 수 있었다. 아시다시피 동양의 서書는 단순히 문자를 아름답게 쓴다는 의미를 넘어서 동양 철학이 강조하는 수양의 방편으로 이해되고 있다. 따라서 서書를 공부하다 보면 자연히 동양 특히 중국의 철학과 역사를 배울 수밖에 없는 일이었다.

말하기 조금은 쑥스럽지만 나는 어린 시절 성격이 매우 복잡하고 말을 잘 듣지 않았다고 한다. 그래서 조부님께서는 인격수양이란 이름으로 강제로 나에게 붓글씨 공부를 시키기로 결심하셨던 것 같다. 조부님께서는 붓글씨를 잘 알지 못하는 분이었음에도 손자의 교육을 위해 훌륭한 선생님들을 소개해 주셨다. 그 덕분에 나는 자연히 유명한 서가들과 유학자들을 만나뵐 수 있는 영광스러운 기회를 많이 가지게 되었다. 이러한 연유로 나는 대학 시절부터 이을호 박사를 알고 있었다. 지금 생각하면 모두 조부님의 덕이었다.

1993년 광주를 다시 방문했을 때 이박사께서는 교수직을 정년퇴임하시고 고봉학술원 원장을 맡고 계셨다. 이 때만 해도 나는 고봉 선생에 대한 말만 들었지 자세한 것은 거의 알지 못했다. 대부분의 사람들이 퇴계 선생이나 율곡 선생은 알아도 고봉 기대승 선생에 대해서는 잘 모르듯이 말이다. 나는 이을호 박사께 여쭈었다. "고봉 선생이 어떤 분이시기에 그 분의 학문을 연구하는 학술원까지 있습니까?" 이박사께서는 웃으면서 고봉이야말로 조선 성리학을 이해하는 데 빼놓을 수 없는 학자라고 말씀하시고, 퇴계와 고봉 양선생이 8년간 주고받은 그 유명한 사칠리기 논쟁에 대해 설명해 주셨다.

당시 고봉학술원은 고봉 선생의 후예인 기세훈奇世勳 변호사가 이사장을 맡아서 『전통과 현실』이라는 학술지를 발간하고 있었는데, 그 창간호(1991년)의 부록에 양선생의 사칠리기왕복서四七理氣往復書가 이을호 박사의 번역으로 실려 있었다. 이박사로부터 그 책을 선물받아 읽어보았더니, 이게 웬일인가, 두 선생의 논쟁이 서양 철학에서의 이성(Reason)과 감성(Desire)에 대한 논쟁과 흡사한 것이 아닌가!

　미국 유학 시절 처음에 나는 조지 워싱턴 대학교에서 마르크시즘과 레닌주의를 주로 공부하였다. 혁명은 왜 일어나는가, 이념이란 정말 피보다 진한 것인가? 이러한 평소의 의문을 풀고 싶어서였다. 그런데 마르크스를 이해하려면 독일의 헤겔을 알아야 하고, 또 헤겔을 알기 위해서는 고대 그리스의 철학까지 알아야 한다는 주위 선배들의 이야기에 끌려 나는 급기야 플라톤과 아리스토텔레스에게로까지 관심의 영역을 넓혀 가게 되었다. 물론 이와 같은 생각을 갖게 된 것은 어차피 서양을 알려고 온 이상 좀더 철저하게 서양 철학의 흐름을 살펴보자는 욕심이 작용하였기 때문이기도 하다.

　이러한 가운데 나는 "서양 사람들이 생각하는 인간이란 어떤 것인가" 하는 의문을 가지기에 이르렀고, 그 결과 그리스 신화에도 재미를 붙이게 되었다. 그런 가운데 한편으로는 플라톤과 아리스토텔레스의 철학을 비판하는 학자들의 논의까지 접하게 되었다. 한 사람의 사상을 알기 위해서는 그에 대한 비판적 입장들도 소화해야 한다는 생각 때문이었다. 그래서 마키아벨리, 홉스, 니체 등에 대해서도 살펴보게 된 것이다.

이 과정 속에서 나의 공부는 슬며시 방향이 틀어져서 공산주의 공부에서 인간성 공부에로 바뀌게 되었다. 한마디로 마르크스를 알기 위해 헤겔을 거쳐 플라톤으로 거슬러 갔다가, 그들의 반대편에 서 있는 마키아벨리, 홉스, 니체의 쪽으로 기울어 버린 것이다. 이는 플라톤, 헤겔, 마르크스 등이 주장했던 이성이나 어떤 절대성, 혹은 역사의 필연성 등이 나에게는 잘 받아들여지지 않았다는 의미이기도 하다.

이후 나에게는 인간이란 과연 어떤 존재인가 하는 것이 가장 큰 화두가 되었고, 그 결과 드디어 프로이트 이론에까지 관심을 갖게 되었다. 특히 프로이트가 『문명과 그 불만족』(*Civilization and Its Discontents*)에서 마르크스주의를 비판한 내용은 나에게 큰 감동을 주었다. 계급 없는 사회 속에서 인간은 이제 더 이상의 갈등이 없다고 하는 마르크스 이론은 인간성의 근본을 잘 모르는 이야기이며, 인간의 갈등은 끝이 없다고 한 프로이트의 주장이 나를 움직인 것이다. 그리하여 드디어 나는 인간성 연구를 내 연구의 마지막 목표로 분명하게 설정하였고, 그것을 본격적으로 파헤쳐 보고자 프로이트의 정신분석학(Psychoanalysis)을 공부하게 되었다.

내가 프로이트의 정신분석학에 심취되었던 데는 또 하나의 특별한 인연이 있다. 조지 워싱턴 대학교에서 석사학위를 받은 나는 박사과정에서는 본격적으로 인간성 연구를 해 봐야겠다고 마음먹었는데, 다행히도 워싱턴 주변에 위치한 메릴랜드 주립대학교 정치학과에는 정신분석 지식을 활용하여 정치 행동을 분석하는 새로운 학문의 개척자 두 분이 교수로 재직하고 있었다. 한 분은 『망상』(*Delusion*)이라는 책을 써서 유명해진 제임스 글래스(James Glass) 교수요, 또 한 분은 프랑크푸르트 학파를 공부하고 정신분석학에 심취하여 『사회 이론에 있어서의 자아』(*The Self in the Social Theory*) 등을 써서 유명해진 프레드 알포드(Fred Alford) 교수였다. 나는 두 분의 학문에 매료되어 메릴랜드 주립대학교에서 정치철학을 전공하게 되었으니 뒤늦게 나의 길을 제대로 가게 된 셈이었다. 회고하면 두 분 교수님은 서양 사람들도 잘 택하지 않는 정신분석학적 정치 이론을 연구하겠다는 나를 대견하게(?) 생각했는지 너무나 많은 가르침을 주셨다. 결국 나는 두 분 교수님의 지도로 정신분석학의 지식을 활용한 정치 행동 분석 연구로 정치철학박사 학위를 받고 새로운 학문을 시작하게 된 것이다.

인간성 연구에 한해서 볼 때 나는 서양 철학의 흐름 가운데 이성보다는 감성을 강조하는 쪽에 심취한 편이다. 그러나 플라톤과 아리스토텔레스까지를 나름대로 읽어봤기에 이성의 문제에 대해서도 흥미를 잃지 않았고, 그 결과 서양철학사에서의 이성과 감성의 문제에 대한 논의에 크게 주목하게 된 것이다. 어쩌면 나의 이런 학문적 배경 때문에 퇴계·고봉 양선생의 리와 기, 사단과 칠정에 대한 논쟁에 흥미를 갖게 된 것이라고도 할 수 있을 것 같다.

그런데 어느 날 한국의 철학과 문화예술에 관심이 많았던 장준길張俊吉이라는 선배 한 분이 불쑥 한 말씀 던지셨다. "용신이 자네 '퇴계고봉양선생왕복서'를 영어로 한번 번역해 보지 않겠나, 자네는 어려서부터 서書를 공부했으니 동양 사상에 대해서도 별 두려움이 없을 것 아닌가?" 나는 장선배의 말씀에 큰 용기를 갖게 되었다. 사실 조선 성리학의 핵심이 되는 양선생의 철학적 논쟁을 영문으로 옮기는 일은 쉬운 일이 아니었지만, 어렸을 때 들었던 동양 사상의 맥을 떠올리고 또 모르는 부분은 물어서 해결하기로 하고 '대우학술재단'에 번역에 따른 재정 지원을 요청했다. 재단은 쾌히 나의 요청을 받아 주었고, 나는 그 덕에 번역을 끝마칠 수 있었다. 그 때가 1995년 봄이었다.

아무튼 나는 그 번역 작업을 하면서 많은 것을 느끼고 배웠다. 우리는 흔히 말한다. '21세기', '지구촌', '세계화' 등을……. 그런데 실제로는 동과 서의 거리가 너무나 멀다. 우리 주변의 어떤 이는 국수적 입장에서 벗어나지 못한 채 우리 것만이 세계에서 제일이며 나머지는 다 못쓸 것이라고 매도해 버린다. 또 어떤 이는 사대주의에 발목이 잡혀 서양 것이면 뭐든지 좋다 하고 우리 것은 모두 무시해 버리기도 한다. 학문도 그렇다. 특히 철학 분야를 보면, 우리 철학과 외래 철학 사이의 벽은 너무나 두텁고

높다. 동양 철학을 하는 이들은 자기의 연구 분야를 세계철학사 속에서 조명하려는 노력을 소홀히 한다. 또 서양 철학을 하는 이들은 서양 철학만이 보편성을 갖는다고 단정해서 동양적인 생각은 현실성이 없다고 평가절하하기 일쑤이다. 도대체 동서 철학의 교류가 없다. 그러나, 세계 속에서 우리를 찾아보려고 한다면 지금이야말로 우리의 철학을 세계 철학 속에서 규명하고 이해해야 할 때가 아닌가!

이런 생각을 하다 보니 나의 욕심은 또 한발 앞서가기 시작했다. 단순한 번역에서 벗어나 퇴계와 고봉의 인간성 이해에 관한 논쟁을 서양 철학과 연결해서 설명하고 싶어진 것이다. 그래서 나는 시간이 나는 대로 양 선생의 주장들을 다시 읽어보았고, 이와 관련된 율곡이나 다산 등의 주장들도 눈여겨보기 시작했다. 또한 내가 전공하고 있는 프로이트의 이론도 다시 점검하고 확인해 보았다. 그리고 일단은 고봉의 이론과 프로이트의 이론을 한번 연결해서 비교해 보아야겠다는 일차 목표를 세웠다.

목표만 정하였지 게으른 탓에 양선생왕복서를 번역한 지 5년이 지난 2000년 여름까지 나는 아무런 작업도 하지 못하고 있었다. 그러다 어느 날 문득 아직 미숙할지라도 우선 정리부터 해 나가자는 마음을 먹고 원고를 써내려 가기 시작했다. 사실 내게는 2000년 여름부터 개인적으로 많은 어려움이 있었다. 그런데도 이 엄청난(?) 일을 시작한 것은, 한편으로는 어려운 현실을 잠시 벗어나 보고자 하는 하나의 방편이기도 했다.

일단 퇴계와 고봉 사이의 논쟁을 프로이트의 정신분석학으로 설명해 가다 보면 나는 어느덧 어려운 현실의 문제를 잠시 뒷전으로 미뤄두고 마음의 평정을 찾을 수 있었다. 그래서 괴로운 날에는 책상에 앉아 글을 썼다. 어떤 때는 하루종일 썼다 지우기를 반복했고, 어떤 때는 2~3주일 현실 속을 헤매느라 한 글자도 쓰지 못했다. 또 어떤 때는 머리 속으로만 퇴계와 고봉, 프로이트 사이를 오가며 "인간은 무엇인가?"라는 무거운 철학적 질문 속에서 멍해지기도 하였다. 이렇게 근근히 글을 써내려 간 끝에 2000년 연말이 되어서야 겨우 계획한 바의 분량을 끝마칠 수 있었다.

그런데 인간의 욕심 때문일까, 아니면 두려움 때문일까? 탈고한 원고를 읽어보니 미숙하기 짝이 없었고, 이렇게 해서 될 일인가 하는 의문이 생겼다. 더 많은 공부를 한 후에 제대로 된 글을 써야 하는 것이 아닌가 하는 생각도 들었다. 공부란 끝이 없다던가! 하면 할수록 모르는 것이 더 많아지니 고민이 생긴 것이다. 그래서 출판을 뒤로 미루고 더 연구해서 보완하기로 마음먹고는 써 놓은 원고를 서랍 속에 깊이 넣어 두었다.

그리고는 2001년, 현실의 어려움 속을 한참 헤매고 있는데 문득 다시 나의 특유한 배짱이 발동하기 시작했다. 맘에 맞는 글을 죽기 전에 딱 한번만이라도 써 보아야 할 텐데……. 미흡할지라도 우선 시도나 해 보자는 결론을 내렸다. 조선 성리학을 서양의 정신분석학과 연결시키는 일은 한국 철학을 세계 철학 속에서 조명해 보는 작업이 될 수도 있기에, 시도 그 자체로서도 나름의 의미가 있다는 믿음을 갖고 나 자신을 위안하였다. 그리고 다시 책상에 앉아 이미 써 놓은 원고를 재차 검토하면서 나름대로 문맥을 다듬어 보았다. 그러는 동안 또 1년이 훌쩍 지나가고 말았다.

나는 글을 쓸 때에는 아무리 어려운 내용일지라도 알기 쉽게 표현해야 한다고 생각하고 있다. 따라서 이번에도 되도록 쉽게 쓰고자 노력을 기울였다. 특히 학자들의 말을 인용할 때에도 그 말이 너무 어려운 것은 쉬운 말로 약간 바꾸는 노력까지 하였다. 그럼에도 불구하고 때로는 매우 어려운 내용들도 있어서, 과연 사람들에게 쉽게 읽힐 수 있을까 하는 의문이 생긴다. 그러나 어찌하랴! 타고난 문재가 박하니 나의 부족함을 탓할 뿐이다.

학문은 왜 하는가? 오늘을 사는 우리들의 가장 보편적인 삶을 위해서이다. 나는 오늘날 학문이 본래의 역할을 잃어버리고 몇몇 소수 학자들 사이의 암호적 논쟁으로 축소되어 가는 것을 안타까워하는 사람이다. 그래서 나는 평소에 학문의 일상화를 강조하고 있다. 더욱이 지금 우리가 우리를 바로 알고 싶어하는 '철학적' 마음이야말로 일상 생활과 연결되지 않고는 아무런 의미가 없다.

고봉 선생의 주장을 프로이트의 정신분석학과 비교하는 일은 분명히 매우 어려운 작업일 것이다. 그러나 그 본질은 모두 "나는 누구인가" 하는 질문에 기초하고 있기에 우리 모두가 한번 살펴봄직한 시도인 것이다. 특히 21세기를 사는 현대 한국인에게 있어서 우리의 사상을 세계사 속에서 재음미해 보는 일이야말로 의미 있는 일이 아닐 수 없다. 그래서 나는 독자들에게 머리 숙여 간곡히 요청한다. "지루하더라도 끝까지 읽어봐 주십시오."

학문 따로 생활 따로의 관습에 젖어 있는 일부 사람들은 "옛날 조선 성리학자들의 말이 뭐가 중요해"라고 반문할 수 있고, 또 "고봉을 프로이트와 비교해서 어쩌자는 것이야"라고 말할 수도 있다. 더 심하게 말하면 "이런 것들이 밥 먹여 주나" 하고 빈정댈 수도 있다. 그러나 그렇지 않다. 우리 인간의 본성에 관한 조선 성리학의 이해, 그리고 서양 정신분석학의 분석, 이 모든 것들은 분명 우리의 생활을 한층 풍요롭게 할 수 있는 기초 자료를 제공해 줄 것이다. 특히 우리의 사상을 서양 사상들과 비교해 보는 작업은 우리로 하여금 인류의 보편성을 이해할 수 있게끔 해 준다. 인류의 보편성 속에서 지금의 나의 존재를 인식하는 일은 너무나 중요하다. 따라서 나는 미숙할지라도 이러한 작업을 계속해 갈 것이다.

실력 없는 자가 말이 많다고 했던가! 나의 실력 없음을 반성하지는 않고 독자들에게만 이 책을 끝까지 읽으라고 권면하니 나도 참 어리석은 사람이구나 하는 생각이 든다. 그렇지만 지금 이 시도가 세계 속에서 우리를 찾아보고 또 본질적으로 인간이란 무엇인가를 찾아보려는 조그마한 노력임을 이해한다면 아마도 나의 요청을 들어주시리라 믿는다. 또 수많은 동료 후학들이 부족한 점을 메워 주고 격려해 줄 것이라 믿는다. 현실적으로 학문 서적의 출판이 어려움에도 불구하고 기꺼이 출판을 맡아 주신 도서출판 예문서원과 관계자 여러분께 감사의 뜻을 전한다.

2002년 3월

김 용 신

차례

성리학자 기대승, 프로이트를 만나다

책의 발간에 즈음하여　5

제1장 주자학과 고대 그리스 철학　19

1. 리와 기, 이데아(혹은 에이도스)와 힐레 ● 20

2. 성과 정, 이성과 감성 ● 27

제2장 기대승: 사칠 논변과 '정'의 강조　37

1. 사칠 논변의 전개 ● 39

2. 주기론적 성리학의 태동 ● 52

제3장 프로이트: '본능'과 '감성'의 강조　65

1. 근대의 물결들 ― 마키아벨리에서 니체까지 ● 66

2. 근대의 물결의 완성 ― 프로이트 ● 74

제4장 기대승의 '칠포사론'과 프로이트의 '정신분석학'　93

1. 주정적 인간 이해의 실마리 ● 93
2. 선과 악에 대하여 ● 100
3. '칠정의 생성'과 '대상관계 이론' ● 107
4. '경'과 '초자아' ● 115
5. '리약기강'과 '기쁨 추구의 원리' ● 123
6. '이발의 두 단계'와 '무의식', 그리고 이이의 '의' 개념 ● 132
7. 인간 심리의 구조도 ● 137

제5장 기대승과 프로이트의 한계　145

1. 기대승 — 우주론과 인성론의 상충 및 논지의 모호함 ● 145
2. 프로이트 — 신화의 오독과 서양 문화의 보편화 ● 159

제6장 인간성 연구의 새로운 시대를 맞아　177

1. 과학의 성과와 인간성 이해의 새 국면 ● 177
2. 왜 인간성에 대한 이해가 요청되는가 ● 184

제1장 주자학과 고대 그리스 철학

　동양 철학, 그 중에서도 특히 주자학朱子學에서 말하고 있는 리理와 기氣는 도대체 서양 철학에서 어떻게 해석되어야 하는 것인가? 이러한 질문에 대한 답이 없이는 기대승奇大升(1527~1572, 호는 高峯)의 성리학性理學을 서양의 프로이트(Freud) 이론과 비교할 수 없다. 동양의 리와 기를 서양철학적 개념으로 설명할 수 없는 한 동서 철학의 연결과 종합적 비교는 불가능할 것이기 때문이다.

　주희朱熹(1130~1200, 호는 晦庵)는 중국의 유학을 사서四書(『論語』, 『孟子』, 『大學』, 『中庸』)와 삼경三經(『詩經』, 『書經』, 『易經』)으로 축약하고 여기에 자신의 해석을 곁들임으로써 중국 유학의 새로운 장을 연 위대한 석학이다. 송대宋代 이후로는 주희를 능가할 만한 석학이 없었으니, 한마디로 송宋 이래의 중국 유학은 모두 그 근원을 주자학에 두고 있다 해도 과언이 아니다. 이러한 주자학의 핵심은 바로 리理와 기氣의 개념에 있는데, 이 '리'와 '기'의 개념은 우주자연의 존재론적 입장에서부터 인간의 심성에 관한 문제까지를 전부 설명하는 핵심적 개념이다. 자, 그러면 리와 기는 도대체 무엇이란 말인가?

1. 리와 기, 이데아(혹은 에이도스)와 힐레

지금까지 동양 철학 책을 펼쳐 보면 리와 기에 대한 설명이 너무나 어려워서 책을 보다가 그만 덮어 버리기 일쑤였다. 왜 지금까지는 이러한 문제를 그렇게 어렵게만 설명했는지, 필자 자신도 리와 기 소리만 나오면 머리가 복잡해지곤 했다. 그런데 서양에서 서양 철학을 공부한답시고 몇십 년을 헤맨 후 다시 주자학의 리기론理氣論을 살펴보았더니 어쩐 일인지 필자는 옛날보다 조금은 쉽게 그것을 이해할 수 있었다. 이것은 바로 동서를 막론하고 철학의 본질적 질문이 "인간이란 무엇인가?"에 있기 때문일는지도 모른다.

『주자대전朱子大全』 권58에는 "천지 사이에는 리와 기가 있는데, 리는 형이상학적 도로서 모든 생물의 근본이 되고 기는 형이하학적 그릇으로서 생물의 형상 혹은 체구體具를 이룬다"[1]라는 말이 있다. 이를 다시 풀이하면, 우주 내의 모든 존재는 리와 기로 형성되어 있는데, 리는 그 존재의 본질적 목적, 즉 존재의 본질적 이유이기에 하나의 추상적 개념이 되며 기는 그 본질적 존재 이유에 의거하여 존재의 형상과 성질을 나타내는 형이하학적 · 현상적 요소가 된다는 뜻이다. 또 『주자어류朱子語類』 권137에서는 "형이상학적인 것은 형체도 그림자도 없는 것으로 이것이 바로 리이며, 형이하학적인 것은 정情과 형태를 가진 것으로 이것이 바로 기이다"[2]라고 말하고 있다.

다른 말을 한번 더 살펴보기로 하자. 『주자어류』 권1을 보면 "리는 정의情意도 없고 계탁計度도 없고 조작造作도 없으며, 기氣는 능히 온

---

1) 『朱子大全』, 권58, "天地之間, 有理有氣. 理也者, 形而上之道也, 生物之本也. 氣也者, 形而下之器也, 生物之具也."
2) 『朱子語類』, 권137, "形而上者, 無形無影, 是此理. 形而下者, 有情有狀, 是此氣."

양온양醞釀하고 응취凝聚하여 물을 생생할 수 있다"[3]라는 말이 있다. 이 말은, 리란 인위적 조작이나 측량이 불가능한 그 어떤 원리를 의미하며, 기란 한 사물 혹은 생물의 존재를 가능하게 하는 직접적인 원인으로서 정情이 있고 조작이 가능한 것이라는 뜻이다. 기대승은 이를 "리는 기의 주재가 되고, 기는 리의 재료가 된다"[4]라고 표현한다. 한마디로 하나의 존재는 그 존재 자체의 목적과, 목적을 달성하기 위한 수단이 합해짐으로써 이루어질 수 있다는 것이다.

이러한 리·기 관계는 본체론적 입장과 현상론적 입장에서 각각 달리 논해질 수 있다.[5] 이 때 본체란 현상의 원인이며 현상이란 본체의 결과라고 생각하면 될 것이다.

본체론적 입장에서 살펴볼 때, 리와 기는 '리기불상잡理氣不相雜', '리선기후理先氣後', '리동기이理同氣異', '리생기理生氣' 등의 말로 설명될 수 있다.

'리기불상잡理氣不相雜'이란 말은, 리와 기는 서로 섞일 수 없는

---

3) 같은 책, 권1, "理卽無情意無計度無造作,……氣卽能醞釀凝聚生物也."
4) 「兩先生四七理氣往復書」,『국역 고봉집』III, 上篇, 1쪽, "理氣之主宰也, 氣理之材料也." 이황과 기대승은 1558년부터 1570년까지 서로 많은 서한을 주고받았는데 이 서한들은 '양선생왕복서'란 제목으로 3권으로 편집되어『국역 고봉집』III에 실려 있다. 「兩先生四七理氣往復書」는 이들 서한 가운데 理氣와 四端七情에 관한 것을 발췌하여 상편(1권)과 하편(2권)으로 편집한 것이다. 자세한 내용은『高峯學論叢』(고봉학술원, 1993) 9~41쪽에 실린 강주진의 「奇高峯의 生涯와 思想」 참조. 「兩先生四七理氣往復書」는 원문과 함께 이을호의 번역으로『傳統과 現實』창간호(고봉학술원, 1991)의 부록으로도 수록되었다. 이 책에 인용된 「兩先生四七理氣往復書」의 내용은 모두 이을호의 번역을 따랐다. 또한 기존의 연구서에서 재인용하는 글들에 대해서는, 의미 전달에 무리가 없다고 생각되는 단어들은 한글만으로 표기하였으며 내용에 있어서도 최소한의 윤문을 가하였다.
5) 최영찬, 「朱子哲學에서 본 高峯의 四端七情論」,『傳統과 現實』창간호, 91~122쪽 참조. 한편 주자학에서의 理와 氣에 대한 본체론적 및 현상론적 해석은 이강대,『주자학의 인간학적 이해』(예문서원, 2000), 60~80쪽에도 잘 설명되어 있다.

본질적으로 두 개의 다른 요소라는 뜻이다. 모든 사물은 존재 이전에 이미 그 사물의 리가 있다. 그리고 기는 음(陰)과 양(陽)으로 나뉘어 기의 움직이는(動) 면과 정지되어 있는(靜) 면의 양 측면을 나타내지만, 그 근원은 실제 사물로 응취되기 이전에도 존재한다. 따라서 리와 기는 각자의 존재성으로 볼 때 서로 다르다는 것이다.

'리선기후理先氣後'라는 것은, 말 그대로 리가 먼저이고 후에 기가 따른다는 뜻이다. 사물의 존재를 음미해 볼 때 그 원형이나 작용의 이치가 먼저이고, 이에 따라 기가 그 사물의 존재 목적을 달성하는 작용(用)을 하는 것이라는 말이다. 다시 말하면 리와 기는 평등한 것이 아니라 리가 먼저이고 기가 나중이라는 의미이다.

'리동기이理同氣異'라는 말의 뜻은, 리는 만고불변의 원리이기 때문에 다를 수가 없고 기는 형상을 위해 수없이 변할 수 있기 때문에 같을 수 없다는 것이다. 만약 어떤 사물에 원리가 있다면 그것이야말로 영구적인 불변의 것이어야 할 터이고, 그 원리에 따르는 형상은 수없이 다를 수밖에 없기 때문이다.

'리생기理生氣'라는 말은 지금까지 살펴본 리와 기의 본체론적 의미들을 참고할 때 리가 기를 만들어 낸다는 뜻이 아니다. 차라리 이 말은, 리는 존재하지만 움직이는 것이 아니며 기가 움직여서 리의 의미를 나타낸다는 뜻이다. 이는 기가 리에 의해 활동한다는 것을 의미한다.

위의 말들을 종합해 보면, 우주를 포함한 모든 존재는 리와 기라는 두 개의 요소로 형성되어 있다. 그리고 리와 기는 분명히 다른 것이지만 리와 기 가운데 어느 하나만 있어서는 존재 자체가 불가능하다. 한마디로 존재를 위해서는 리와 기가 반드시 함께 있어야 한다는 것이다.

대충 여기까지 본체론적 의미에서 주자학의 리기론을 살펴보았는데, 공교롭게도 고대 서양의 그리스 철학과 매우 유사한 점이 발견되고 있어 흥미롭기 짝이 없다. 고대 그리스 철학의 대표자는 말할 것도 없이 플라톤(Plato)과 아리스토텔레스(Aristotle)이다. 이들도 하나의 존재에 대한 구성 요소를 두 가지로 나누어 보고 있다. 그 하나는 존재의 목적과 본질 혹은 원형이며, 다른 하나는 이 원형의 뜻에 따라 형상을 갖추게 하는 또다른 하나의 재료적 요소인 것이다. 이 얼마나 주자학적 의미와 일치되는가!

잘 아는 바와 같이 플라톤은 모든 존재에는 그것의 최고선을 위한 본질적인 원형이 있다고 하였다. '이데아'(Ideai) 혹은 '원형'(Form)이라고 일컬어지는 것이 바로 그것이다. 이데아 혹은 원형이야말로 모든 존재의 완전함을 실현시켜 주는 존재의 핵심 요소인 것이다. 이것이 존재의 형이상학적 요소임은 두말할 나위가 없다.

이데아는 어떤 감각적인 성질을 소유하지 않는 비공간적·비물질적인 것으로, 쉬운 말로 표현하면 하나의 개념으로서 영원불변한 것이다. 플라톤은 감각의 세계를 부정하지는 않았지만 이는 이데아계의 단순한 모사일 뿐이라고 하여, 이데아를 통해서만 참다운 존재의 실체를 알 수가 있다고 하였다. 좋은 예로는 플라톤의 『국가』(The Republic) 7권의 첫머리에 나오는 비유를 들 수 있다.

사람들이 동굴에서 고개도 돌릴 수 없이 손발이 묶여 있는 상태라고 하자. 그 사람들의 뒤편에 불빛이 있다면 온갖 대상들의 모습은 그림자로서 동굴 벽에 나타나게 될 것이다. 이 때 사람들은 오직 그림자만을 볼 수밖에 없기 때문에 그것이 바로 현실의 모든 것인 줄 믿는다. 그러나 그들 중 어느 한 사람이 동굴 밖으로 나가게 된다면, 그는 지금까지 자신들이 본 그림자가 실체가 아님을 알게 된다. 그 그림자

는 참다운 빛에 의한 모습이 아니라는 것이다. 그들은 오직 태양 아래
에 서게 될 때에만 모든 사물의 실체를 바로 파악할 수 있을 것이다.
이 경우 태양이야말로 참다운 빛, 즉 이데아가 된다.[6]

이쯤 설명하면 존재에 대한 이데아의 의미가 무엇인지 어렴풋이
이해는 될 줄 안다. 우리는 모든 존재에 숨어 있는 그 존재의 이데아
를 찾지 못하고서는 그 존재의 참모습, 혹은 참의미를 알아낼 수 없다.
우리 앞에 드러나는 현상의 세계는 바로 이 이데아(Ideai)가 질료質料
(Hyle) 속으로 들어가서 나타나는 현상이기 때문이다. 한마디로 이데아
의 뜻에 따라 질료가 움직임으로 해서 나타나는 것이 감각의 세계인
것이다. 다시 말하면 질료에 형상이나 모양을 부과하는 본질이 바로
이 이데아이다. 이런 점에서 질료 자체만으로는 참다운 실체를 형성
하지 못하고, 오직 이데아에 의해서만 참다운 실체가 나타나는 것이
라고 말할 수 있다. 그런데 질료 그 자체도 실재적인 것은 아니다.
이 질료 역시 비존재자로서 공허한 공간과도 같은 뜻을 지니고 있다.
단지 질료적인 사물만으로도 존재할 수는 있으나, 이것은 오직 임시
적인 현존만을 소유하게 되는 것이다.

플라톤이 이데아의 존재를 설정한 이유는, 인식론적 근거로서는
모든 지식에는 객관적 실재를 의미하는 개념이 있어야 하고, 형이상
학적 근거로서는 세계 속에는 어떤 지속적 존재가 있어야 하며, 윤리
적 근거로서는 감각의 세계보다 한층 더 완전한 세계가 존재하지 않
으면 안 되기 때문이라고 풀이할 수 있다. 이러한 이데아의 질서는

---

6) *Great Dialogues of Plato* (trans. W. H. D Rouse, Mentor Book, 1956), 312~341쪽; *The Republic of Plato* (ed. Francis MacDonald Conford, Oxford University Press, 1945), 227~235쪽. 우리말로 옮긴 것으로는 Curt Friedlein의 『세계 철학사』(강영계 옮김, 서광사, 1985), 68~69쪽에 동굴과 그림자의 비유가 잘 설명되어 있다.

피라미드처럼 단계적인 체계를 갖고 있는데, 가장 높은 이데아는 선善의 이데아이며 이것이야말로 신神과 같은 것이다. 그리고 플라톤은 여기에다 낮은 이데아에서 보다 높은 이데아 즉 선의 이데아를 찾는 것이야말로 진리를 향하는 것이라는 설명을 곁들이고 있다.

프랭크 틸리(Frank Thilly)는 그의 유명한『철학사』(A History of Philosophy)에서 플라톤에게 있어서 이 우주는 이데아의 논리적 체계 속에 놓여 있다고 설명하고 있다. 구체적으로 그는, 이데아는 능동적인 것이며 질료는 협조적 의미에 놓인 것(Form is the active cause, Matter is the cooperative cause)이라고 말한다. 이 때 틸리가 말한 'Form'은 '원형' 즉 '이데아'이며 'Matter'는 '질료'(Hyle)라고 할 수 있다.[7]

플라톤의 제자라고 할 수 있는 아리스토텔레스는 플라톤의 이데아론에 약간의 수정을 가하여 '형상'(Eidos)이라는 개념으로써 이데아를 대신하고 있다. 이데아가 없으면 아무런 사물도 존재할 수 없기 때문에 이데아는 사물 자체 내에 존재하는 그 무엇으로 파악되어야 한다고 본 것이다. 다시 말하면 아리스토텔레스는 이데아를 세계 저편에 정지해 있는 존재가 아닌, 이 세계의 힘을 구성하는 동적인 원리로 재해석하면서 '형상'(Eidos)이라는 개념을 사용하고 있다. 이는 모든 사물에 있어서 운동의 근본적인 원인이 되는 어떤 힘, 바로 그것을 인정하고 플라톤의 '이데아'에 대신하여 '형상'이라는 개념을 사용한 것으로, 이 형상(Eidos)이 어떤 개물에 충격을 가하고 질료(Hyle)를 움직여서 사물의 외적 형태를 만들어 낸다는 것이다.[8]

따라서 아리스토텔레스에게 있어서 '힐레'(Hyle)라는 개념은 존재

---

7) Frank Thilly, *A History of Philosophy* (Henry Hold and Co., 1936), 56~75쪽.
8) Curt Friedlein,『세계 철학사』(강영계 옮김), 77~79쪽.

를 설명하는 또 다른 하나의 기본 개념이 된다. '에이도스'(Eidos)란 사물 안에 작용되는 본질이지만 사물 그 자체는 아니므로, 에이도스 이외에 힐레가 필연적으로 있어야만 사물이 존재할 수 있다는 것이다. 한마디로 그는 힐레가 없어도 존재는 불가능하다고 보고 있다. 그러므로 힐레는 공허한 기체基體로서 모든 존재의 가능태(Dynamis)가 되는 것이다. 그럼에도 불구하고 에이도스는 힐레보다 한층 더 높은 의미를 갖는다. 질료(Hyle)가 가능태라 하더라도 이는 형상(Eidos)의 명령을 받은 수동적 의미를 지닐 뿐이며, 오직 형상만이 능동적 의미가 있기 때문이다.

프랭크 틸리는 그의 『철학사』에서 에이도스는 모든 사물의 운동과 형태의 원인이자 목적이며 힐레는 그 목적을 위한 수단이라고 쉽게 설명하고 있다. 나아가 그는, 모든 사물은 그 목적을 충족시키기 위해 창조되었으며 보다 높은 목적을 위해 나아가는 것이 사물의 질서라고 아리스토텔레스의 존재론을 요약하고 있다.9)

어쩌면 이렇게도 동서 철학 사이에 유사점이 존재할 수 있을까? 분명히 어떤 존재의 본체(본질)를 파악하는 데 있어서 옛사람들은 동서의 구별을 떠나 그 존재의 목적이 틀림없이 있으리라고 생각했을 것이다. 비록 지각할 수 있는 대상은 아니라 하더라도 어떤 무형의 본성이 존재하지 않고서는 실체가 성립될 수 없다고 보았을 것이기 때문이다. 그것을 중국에서는 '리'라는 말로 표현하고 그리스에서는 '이데아' 혹은 '에이도스'라는 말로 나타내었던 것이다. 한문의 '리理'가 바로 '이유'라는 뜻이기에 더욱 그렇다.

물론 주자학의 리 · 기 관계가 그리스 철학의 대표 격인 플라톤의

---

9) Frank Thilly, *A History of Philosophy*, 75~94쪽.

이데아와 힐레의 관계, 그리고 아리스토텔레스의 에이도스와 힐레의 관계와 완전히 일치하는 것은 아닐 수도 있다. 그러나 그 대강의 입장이 본질적으로 크게 다름이 없다는 것을 부인할 사람은 별로 없을 것이다. 따라서 존재의 본체론적 입장에서 보면 주자학의 '리'는 플라톤의 '이데아' 또는 아리스토텔레스의 '에이도스'이며, '기'는 플라톤과 아리스토텔레스의 '힐레'라고 말해도 별로 무리가 없게 된다.

2. 성과 정, 이성과 감성

주자학의 핵심 개념인 리와 기는 우주적인 데서부터 인간의 심성을 논하는 데까지 모두 적용될 수 있는 원리인데, 그러면 존재의 본체론적 입장을 벗어나 인간의 심성에 대해서는 리와 기는 어떤 역할을 하고 있는가? 기대승은 주자학에 근거하여 인간의 심성을 논한 성리학자였던 만큼, 그의 사상을 서양의 프로이트와 비교하기 위해서는 당연히 이 문제를 짚고 넘어가야 할 것이다.

주자학에서 인간성의 문제를 논하려면 먼저 심心, 성性, 정情의 기본 개념을 이해해야 한다. 『주자어류』 권62에서는 "모든 만물의 바탕으로 받은 것은 선하지 않는 것이 없는데, 그것이 바로 성性이다"[10]라고 말한다. 그리고 그 성性이 드러나는 것이 바로 도道이다. 이러하니 당연히 성性이 리理가 될 수밖에 없다. 바로 『주자어류』(권4 혹은 117)에서는 "성은 다만 이 리일 뿐이다"(性只是理)라고 하여 성이 곧 리임을 분명히 하고 있다.

---

10) 『朱子語類』, 권62, "萬物稟受, 莫非至善者性."

그러면 심心과 정情은 무엇인가? 최영찬에 따르면, 성이란 심을 이루는 본질로서 절대선이며 정이란 심의 체體인 성이 외물外物에 드러난 결과라고 한다. 따라서 성이 리理라면 정은 기氣에 속하게 된다. 그런데 왜 복잡하게 심心이란 말을 또 쓰는가? 최영찬은 성, 정, 심의 관계를 외연과 내포의 관계로 보아서 "심이 의식의 주체로서 외연적 개념이라면, 성과 정은 의식 주체인 심을 구성하는 구체적 내용을 가리켜서 언포된 내포 개념"11)이라고 말한다. 이 말을 조금 비약하여 풀이해 보면, 모든 사물이 리와 기로 이루어져 있듯이 인간의 심 또한 성과 정으로 이루어져 있다는 것이다. 이러한 설명은 물론 성을 리로, 정을 기로 해석할 수 있다는 의미를 내포하고 있다. 결국 심이란 어떤 사물의 존재와 같은 것을 의미하므로, 앞의 설명은 심 속에 리와 기의 요소가 함께 있음을 나타낸다고 말할 수 있을 것이다.

그런데 최영찬은 심을 기의 부분으로 분류하여 아래와 같은 도표로 리기에 대한 심성론을 함축하여 설명하고 있다.12)

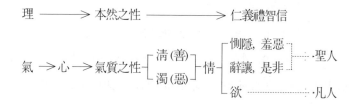

이 도표에서 심 자체를 기의 부분에 배속시킨 것은 앞서 필자가 설명한 내용과는 약간 다르지만, 심을 기의 부분에 넣는 것이 틀린

---

11) 최영찬, 「朱子哲學에서 본 高峯의 四端七情論」, 『傳統과 現實』 창간호, 106쪽.
12) 같은 책, 같은 글, 110쪽.

것이라고도 할 수 없다. 심을 하나의 사물로 인식하지 않고 성에 따라 움직이는 동작으로 보면 심은 곧 기가 되고, 그것이 발현된 결과를 정으로 보면 결국 기 자체가 작용(用)으로서의 심을 의미하는 것이 되므로 정을 기 작용의 결과적 현상이라고도 볼 수 있기 때문이다.

주자학에서는 인간의 성性을 구체적으로 인의예지仁義禮智로 분류하고 있는데, 이는 원래 맹자孟子의 성선설에서 유래한 것이다. 맹자는 인仁·의義·예禮·지智의 네 가지 마음이 없으면 사람이 아니라고 하였다. 이처럼 인간으로서의 원형이 바로 이 인·의·예·지이기 때문에 인간 본연의 성 또한 이 네 가지가 된다. 그리고 인仁에 근거한 측은지심惻隱之心, 의義에 근거한 수오지심羞惡之心, 예禮에 근거한 사양지심辭讓之心, 지智에 근거한 시비지심是非之心은 인의예지의 단서가 되기 때문에 '사단四端'(Four Tips)으로 표현된다. 여기서 '단端'이란 '끝', '실마리' 등의 의미를 지닌 것으로서 영어로는 'Tip'이라 할 수 있는데, 인의예지를 확인할 수 있는 실마리, 혹은 그것이 드러나는 최초의 단계로 이해할 수 있다. 혹자는 여기에 신信을 하나 더 넣기도 하는데, 북송의 정이程頤(1033~1107, 호는 伊川)가 바로 그러하다. 정이는 인의예지의 사덕四德에 신信을 추가하여 인간의 본성을 '오성五性'이라 하고, 이것이야말로 참되고 고요한 것이라고 말하고 있다.[13] 이렇다면 참되고 고요한 성性은 바로 리이기 때문에 그것에 근거한 사단도 리로 연결하여 이해될 수 있는 것이다.

여기서 하나 짚고 넘어가야 할 문제가 있다. 그것은 인간의 본연지성本然之性인 인의예지는 발현이 되면 측은, 수오, 사양, 시비의 마음인 정情이 될 수도 있다는 문제이다. 최영찬의 도표에서도 지적되

---

13) 「兩先生四七理氣往復書」, 『傳統과 現實』 창간호, 266쪽 참조.

듯이 성은 발현되기 이전에는 성 그 자체로 있다가 발현된 후에는 정의 결과로 표현된다고 할 수 있다. 바로 이러한 점 때문에 이황과 기대승 사이에 논쟁이 불붙게 되는데, 이 문제는 앞으로 논의될 사단칠정논쟁을 통해 보다 구체적으로 이해되리라 믿는다.

여하튼 인간에게는 리理로 설명될 수 있는 본연지성本然之性과 기氣로 설명될 수 있는 기질지성氣質之性이 함께 있다고 보는 것이 주자학의 일반적 분석이다. 이러한 분석 속에서 기질이란 정情으로 발현이 되어 사단四端을 향할 때는 맑아서 선善이 되고 그렇지 않고 그 발현이 탁하면 악惡이 되고 만다. 이 때 '맑다'는 말은 본연지성을 향한 진실됨을 말하는 것이고, '탁하다'는 것은 본연지성을 닮지 않음을 의미한다. 이러한 의미는 사단四端은 본연지성에 근거한 것이고 정情은 기질지성에 근거한 것이라는 뜻을 내포하고 있다.

보편적으로 동양 철학에서 기氣에 근거한 인간의 정情을 논할 때에는 『중용中庸』의 희喜·노怒·애哀·락樂을 말한다. 그런데 주자학에서는 성리의 문제를 논하는 데 있어서 주로 칠정七情을 이야기한다. 이 일곱 가지 정이란 『예기禮記』「예운禮運」편에서 말한 희喜, 노怒, 애哀, 구懼, 애愛, 오惡, 욕欲을 가리킨다.

앞서 지적했듯이 본연지성에 연결되는 사단은 인간의 선 추구를 위한 도덕적 개념이다. 그러나 칠정은 도덕적 개념이 아니기 때문에 그 속에는 악도 존재할 수 있다. 따라서 그 정의 발현이 오직 본연의 성을 향할 때에만 선으로 될 수 있는 것이다. 이렇게 보면 맹자의 성선설性善說에 입각한 주자학의 인간론은 본연지성에 근거한 사단 중심의 이론이라고 할 수 있으며, 정이란 본체론적 입장에서의 기氣의 의미와 같이 본연지성의 지시를 받을 때에만 유익한 것이 되고 그렇지 않을 경우에는 악으로 저락할 수도 있는 위험한 요소가 되고 만다.

한편, 주자학에서 리와 기의 문제가 인간성 연구로 돌아갈 때에는 본체론적 입장이 아닌 현상론적 입장에서 설명될 수도 있을 것이다. 이 경우 리와 기의 관계는 최영찬의 지적대로 '리기불상리理氣不相離', '리기무선후理氣無先後', '기상근리부동氣相近理不同', '기강리약氣强理弱'이라는 개념들로 풀어 볼 수 있다.[14]

'리기불상리理氣不相離'란 본체론에서 보면 분명히 리와 기는 서로 섞일 수 없는 두 가지 요소이지만 하나의 현상은 이 둘이 서로 합해져서 나타나는 결과이므로 현상적 분석에 있어서는 리와 기가 결코 분리될 수 없음을 말하는 것이다. 즉 우리 인간의 마음 또한 언제나 두 가지 요소 즉 리와 기의 작용이 합해져서 나타나는 것이라는 뜻이다.

'리기무선후理氣無先後'란 본체론적인 입장에서는 논리적으로 리가 먼저이고 기가 다음이지만 현상 그 자체에서는 두 가지 요소가 함께 섞여 있어서 리와 기 가운데 어느 것이 더 먼저라고 말할 수 없다는 것이다.

'기상근리부동氣相近理不同'이란 말은 본체론적인 입장에서는 리가 하나이고 불변이지만 경험의 세계 즉 현상에서는 사물들이 표출하는 리는 같을 수 없고 다만 기가 서로 비슷하다는 것이다. 알기 쉽게 인간성 문제를 논해 보면, 감각적 부분 즉 기의 부분은 동물이나 사람이나 별반 차이가 없지만 리의 부분인 본연지성은 동물과 인간이 같지 않다는 것을 의미한다.

---

14) 최영찬, 「朱子哲學에서 본 高峯의 四端七情論」, 『傳統과 現實』 창간호, 91~122쪽 참조

'기강리약氣强理弱'이란 본체론적 입장에서는 기가 당연히 원형을 의미하는 리의 지배를 받지만 우리가 보는 경험적 세계(특히 인간세계)에서는 그렇지 않다는 것이다. 주회는 현실에서 순간순간 악의 발생이 허용되는 듯한 까닭은 현상 세계에서는 기가 리보다 강할 수 있기 때문이라고 설명하고 있다. 실제로『주자어류』권4에서는 "기氣가 비록 리理에 의해 생겨났지만 일단 생겨났으면 리理는 기氣를 완전히 관리하지 못한다.…… 그러므로 기는 강하고 리는 약하다"[15]라고 말하고 있다. 이러한 현상론적 해석은 곧 주자학에서 인간의 수양修養을 강조하게 되는 이유가 되기도 한다. 인간은 성이 정을 완전히 제압하지 못하고 오히려 기질이 더 강성한 경우가 있으므로 수양을 통해서 성을 찾아 선을 행해야 하기 때문이다.

자, 그러면 '이데아'와 '힐레', '에이도스'와 '힐레'의 개념으로 사물의 존재를 인식한 플라톤과 아리스토텔레스의 인간성 연구는 어떻게 이루어지고 있는가?

이들 또한 예외 없이 동양의 유학적 전통과 마찬가지로 인간의 최고 목적은 지고의 선을 추구하는 것이라고 보았다. 선을 추구하는 것이 곧 마지막 목적이요 진리라고 믿었기 때문이다. 플라톤은 인간의 행복은 바로 이 마지막 목적을 찾는 일이요, 이것이야말로 '이데아'를 실현하는 일이라고 주장하고 있다. 그러면 이 마지막 목적은 어떻게 찾아지는가?

플라톤은『국가』(*The Republic*) 4권(12장)과 6권(23장) 등에서 그 답을 명쾌하게 설명하고 있다. 인간은 순수한 지식(Genuine Knowledge)을 통해서 그 마지막 목적을 달성할 수 있는데, 그 순수한 지식을 얻을 수

---

15)『朱子語類』, 권4, "氣雖是理之所生, 然氣生出, 卽理管他不得.……是氣强理弱."

있는 힘은 바로 인간만이 가질 수 있는 독특한 이성(Reason)에서 나온다. 따라서 이성을 통해서 순수한 지식을 터득할 때 비로소 인간은 최고 목적 즉 진리를 얻게 되고, 이것이 바로 최고의 선(Highest Good)을 이룩하는 것이다.16)

여기에 재미있는 플라톤의 해석을 하나 제시하면, 그의 대화『파이드로스』(Phaidros)의 '전차를 모는 사람의 신화'(the Myth of the Charioteer)에서 설명했듯이 모든 지식은 회상(Reminiscence)이며 모든 배움은 재각성(Reawakening)에 불과하다는 것이다. 이 말은 마지막 목적의 발견은 순수지식에 의하여 이루어지는데, 이성의 힘을 통해 그 본래적 선 즉 이데아를 회상 혹은 재지각해 낼 수 있다는 뜻이다. 덧붙여 플라톤은 인간에게는 정신(Soul)이 있는데 이것이 바로 순수이성(Pure Reason)이라고까지 말하고 있다.17)

이러한 해석을 주희의 철학과 연결해 보면, '소울'(Soul)은 곧 성이요 이성(Reason)으로서 이 이성이야말로 본연지성으로서의 리에 해당한다고 말할 수 있을 것이다. 좀더 구체적으로 살펴보려면 프랭크 틸리의 해석을 참고할 필요가 있다. 그에 따르면 플라톤의 소울(Soul)은 본질적 선을 향하는 것으로서 이미 육체와 결합하기 이전부터 존재하는 순수한 이성이며, 육체(Body)란 감각적 의미를 갖는 것으로서 감성(Desire)을 포함하고 있는 것이다. 그리고 이 감성은 곧 하나의 정(Passion)으로서, 그 정이란 이성의 통제를 받을 때에만 최고의 선으로 향할 수 있으며 그렇지 못할 때에는 악을 범하게 된다. 윤리(Ethics)란 바로 감성에 대한 이성의 통제를 의미하는 것이다. 그렇다면 이 감성(Desire)

---

16) *The Republic of Plato* (ed. Francis MacDonald Cornford), 119~129쪽 및 211~220쪽 참조.
17) Frank Thilly, *History of Philosophy*, 67~69쪽 참조.

이야말로 주자학적으로는 기에 해당하는 것이라고 말할 수 있다.

플라톤의 철학을 이어받은 아리스토텔레스는 플라톤과는 약간 다르게 감각적 세계를 설명하면서 인간 생활에서의 다양한 가치를 인정한다. 그러나 아리스토텔레스 역시 인간 생활의 마지막 목적(Final End)을 부정하지는 않는다. 이러한 주장은 그의 유명한『니코마코스 윤리학』(Nicomachean Ethics) 1권에 잘 나타나 있다.

그는 플라톤과 마찬가지로 이성(Reason)의 힘을 강조하면서 이성만이 최고의 선 즉 마지막 목적을 달성할 수 있다고 강조한다. 그리고 그는 분명히 말한다. 이 이성(Reason)은 인간만이 가지고 있는 것이기에 다른 모든 동물들은 결코 객관적인 최고의 선에 도달할 수 없다. 이와 같은 논리로 보면 어린아이들은 행복하다고 말할 수 없다. 왜냐하면 그들에게는 (이성이 있기는 하지만) 이성(Reason)을 제대로 작동시키는 능력이 아직 형성되지 않았기 때문이다. 따라서 행복이야말로 이성의 힘을 빌려 덕(Virtue)을 실현해 내는 과정인 것이다.[18]

물론 아리스토텔레스는 인간 생활에 영향을 주는 다양한 요소들이 있음을 부인하지 않는데, 이것이 바로 감성(Desire)이라는 것이다. 아리스토텔레스는『니코마코스 윤리학』7권에서 육체적 기쁨을 포함한 다양한 감성적인 기쁨들을 나열한다. 그러나 이러한 기쁨들은 평등하게 가치가 있는 것이 아니다. 모든 기쁨은 마지막 목적을 향할 때에 의미가 있는 것이지 그렇지 않을 때는 아무 의미가 없게 되거나 악이 될 수도 있다. 그는『니코마코스 윤리학』1권에서 최고의 선이란 자족(Self-Sufficiency)적인 것이어야 한다고 주장하는데, 이것이 바로 최고의 행복을 의미한다는 것이다. 한마디로 최고의 기쁨이란 우리 인

---

18) Aristotle, *Nicomachean Ethics* (ed. Martin Ostwald, Macmillan Publishing Co., 1962) I, 1100a.

간의 자족을 해결해 줄 수 있는 마지막 목적(Final End)을 찾아 그것을 실현하는 것이라는 뜻이다.

이처럼 플라톤과 아리스토텔레스는 주희와 마찬가지로 인간의 덕을 강조했고, 그 마지막 목적 즉 최고의 선을 이루기 위한 이성의 힘을 강조했다. 그렇기에 모든 감성은 이성의 통제를 받을 때만 선으로 될 수 있으며 그렇지 못한 경우에는 악으로 저락하고 만다고 보았던 것이다. 따라서 주희가 수양을 논한 것과 마찬가지로 이들도 감성의 이성적 통제를 위한 많은 수양(Cultivation)을 강조하였다. 레오 슈트라우스(Leo Strauss)가 『정치철학이란 무엇인가』(What is Political Philosophy)에서 지적했듯이, 자유(Freedom)란 인간에게는 감성의 발산에 대한 자유까지를 의미하는 것이기에 인간에게 선이 될 수도 있지만 악이 될 수도 있다. 그렇기 때문에 고대 철학에서는 자유가 강조되지 않았던 것이다.19)

한마디로 플라톤과 아리스토텔레스의 심성론에서는 최고의 선(Ideai, 혹은 Eidos)을 실현하기 위하여 이성(Reason)이 있으며, 힐레(Hyle)는 바로 인간 심리의 결과를 만들어 내는 감성 혹은 욕망(Desire)이 된다. 우리는 이 말이 주자학에서 사단이 리로 연결되고 칠정이 기로 연결되는 논리와 흡사한 것임을 부인할 수 없다.

사실 주자학의 리와 기에 대한 문제를 고대 그리스의 플라톤과 아리스토텔레스의 이데아(Ideai)와 에이도스(Eidos), 그리고 힐레(Hyle)와 연결시켜서 한마디로 요약하기란 쉬운 일이 아니다. 그러나 지금까지의 설명을 통해 주자학의 리와 기의 문제가 서양철학적으로 어떻게

---

19) 자유가 악이 될 수도 있다는 서양 고대 철학에서의 주장은 Leo Strauss의 *What is Political Philosophy* (Greewood Press, 1976), 36쪽에 잘 나타나 있다.

해석될 수 있는지는 개략적으로 짐작할 수 있을 것이다. 특히 인간성 문제에 있어서 서양 철학의 전통이 된 이성(Reason)과 감성(Desire)이 거꾸로 주자학적으로 어떻게 이해될 수 있는지도 대강은 알 수 있게 되었으리라 믿는다.

제2장 기대승: 사칠 논변과 '정'의 강조

우리는 이황李滉(1501~1570, 호는 退溪)의 리기이원론理氣二元論이
나 이이李珥(1536~1584, 호는 栗谷)의 리기일원론理氣一元論에 대해서
는 비교적 많이 알아도 기대승奇大升(1527~1572, 호는 高峯)의 이론에
대해서는 아는 것이 그리 많지 않다. 그러나 기대승의 이론에 대한
이해 없이는 조선 성리학의 진미를 맛볼 수 없다. 조선 성리학에 끼친
기대승의 영향은 실로 막중하기 그지없다. 다행히도 요즈음에는 조선
성리학을 연구하는 사람들 사이에서 기대승의 위치를 중요하게 생각
하는 경향이 점차 확대되고 있는 듯하다.

기대승은 조선 성리학의 계보를 고려말의 정몽주鄭夢周(1337~
1392, 호는 圃隱)로부터 시작하여 길재吉再(1363~1419, 호는 冶隱), 김숙자
(1389~1456, 호는 江湖), 김종직金宗直(1431~1492, 호는 佔畢齋), 김굉필金
宏弼(1454~1504, 호는 寒暄堂), 조광조趙光祖(1482~1519, 호는 靜庵)로 상
정한다.[1] 물론 그 뒤는 이황, 기대승, 이이로 이어진다. 그런데 이런
조선 성리학의 계보적 인식이 정통성을 지닌 것이건 아니건 간에 조

---

[1] 조남국, 「高峯 性理學의 正統性」, 『傳統과 現實』 창간호, 43쪽.

선 성리학의 백미가 1559년에서 1566년 사이에 있었던 이황과 기대승 간의 사칠리기四七理氣 논변임을 부정할 사람은 아무도 없을 것이다.

사칠리기 논변은 정지운鄭之雲(1509~1561, 호는 秋巒)이라는 학자가 만든 '천명도天命圖'에 대한 논의로부터 출발한다. 정지운은 어려서 김정국金正國(1485~1541, 호는 思齋)에게서 잠시 수학하였다가 1538년 김정국이 조정에 부름을 받고 나아간 후부터 동생 지림之霖과 함께 독학한 사람이다. 그는 독학하는 가운데 시험삼아 주자학의 여러 이론을 알기 쉽게 하나의 도형으로 만들었는데, 이것이 바로 '천명도'이다. 그런데 이 '천명도'가 상당히 유명했던지 당시 이미 대학자의 반열에 오른 이황이 몸소 두 번이나 정지운을 찾아와서 '천명도'에 대해 논의하며 수정을 가하였다고 한다. 이에 대해 정지운은 "(퇴계 선생은) 고설古說로써 증거하고 자신의 의견을 섞어서 빠진 것을 보충하였으며 필요 없는 것을 깎아 내어 끝내 완전한 도형을 만들어 주셨다"고 「천명도설서天命圖說序」에서 밝히고 있다.

원래 정지운은 「천명도설」에서 "사단은 리에서 발현하고 칠정은 기에서 발현한다"(四端發於理, 七情發於氣)라고 하였는데, 이황은 『주자어류』에 근거하여 그것을 "사단은 리의 발현이고 칠정은 기의 발현이다"(四端理之發, 七情氣之發)라고 수정하면서 사단은 모두 선이며 칠정에는 선·악이 있다고 설명하였다. 이황의 이 해석에 불만을 품은 기대승이 이에 대한 이의를 제기하면서 바로 그 유명한 사칠四七 논변이 시작된 것이다. 그리고 그 논쟁의 과정에서 오고간 8년간의 논쟁서를 우리는 「양선생사칠리기왕복서兩先生四七理氣往復書」라 일컫는다. 결국 이황이 "사단리지발四端理之發, 칠정기지발七情氣之發"이란 주희의 한마디 말을 정지운의 '천명도'에 인용한, 어쩌면 사소하다고도 할 수 있는 사건이 급기야는 조선 성리학에 일대 파란을 몰고 온 계기가 된 것이다.

1. 사칠 논변의 전개

이황은 1501년생이고 기대승은 1527년생이니, 기대승은 이황보다 실로 26세나 아래이다. 기대승은 어려서부터 글공부를 많이 하여 자신이 살았던 호남 지방에서뿐만 아니라 서울에서까지 명성을 얻고 있었다. 그는 생각보다는 조금 늦은 1558년(명종 13년) 10월에 과거를 치렀는데 을과에 일등으로 합격하여 벼슬길(承文院 副正字)에 오르게 된다. 그는 학문하기를 좋아하여 과거를 보러 서울에 올라가는 길에도 장성長城을 지나면서는 당시의 석학 김인후金麟厚(1510~1560, 호는 河西)를, 또 태인泰仁을 지나면서는 이항李恒(1499~1576, 호는 一齋)을 찾아뵙고 태극太極과 음양陰陽의 이론에 대한 논의를 주고받았다 하니[2] 그 학식이 대단했던 모양이다.

그런데 기대승은 과거에 합격한 후 즉시 서울에서 이황을 찾아뵙는다. 당시 이황은 58세로서 성균관 대사성의 관직에 있었다. 후일 이황은 황중거黃仲擧(1517~1563, 호는 錦溪)에게 보낸 편지에서 기대승과 첫 대면한 인상을 다음과 같이 적고 있다.

이번 과거에 많은 인재들을 얻었는데, 그 가운데 기대승이란 사람이 있으니 그 학문과 인물이 전에 소문으로 듣던 것보다 더 훌륭하다.

---

2)『退溪先生文集』, 권16,「奇明彦書」.

우리 조정에서 이 선비를 얻어 쓰게 되었으니 실로 이는 학문을 위하여 큰 경사이다.[3]

이것은 바로 청년 기대승의 학문이 어떠했는가를 잘 설명해 주는 말이라고 하겠다.

어쨌든 이러한 기대승은 정지운의 '천명도'에 대한 이황의 수정안을 보고, 드디어 과거에 급제한 지 1년 후인 1559년부터 이황의 사단칠정四端七情 해석에 대해 비판을 가하기 시작한다. 그런데 이 두 학자의 주고받은 편지를 보면 얼마나 이들의 학문이 높고 또 상대방에 대한 배려가 극심했는지 감탄을 금치 못할 지경이다. 이미 대가로서 명성을 날린 이황에 대해 비판의 글을 서슴없이 띄우면서 자신의 주장을 편 기대승의 기개도 대단하거니와, 26세나 어린 학자의 비판에도 짜증을 내지 않고 엄숙하고 겸손한 마음으로 자기 주장을 설파한 이황의 자세도 참 기가 막힐 정도이다.

이 두 학자간에 주고받은 「양선생사칠리기왕복서」를 보면 논쟁 초기의 핵심은 간단하다. 이황은 사단은 리의 발현이고 칠정은 기의 발현이라고 주장하면서 리와 기는 본래 근원을 달리하는 것이기에 사단·칠정 역시 구분되어야 한다고 본다. 이는 주자학적 해석에 있어서 본체론적 입장을 강조함으로써 인간의 심성인 사단과 칠정을 설명하려 한 것이라고 할 수 있다. 이에 비해 기대승은 사단이란 결국 칠정이 발현하여 도덕성에 맞아떨어진 것이지 사단이 칠정 밖에 따로 존재하는 것은 아니라고 말한다. 이것은 주자학의 현상론적 입장에서의 리기론에 근거하여 사단과 칠정을 설명한 것이라고 볼 수 있다.

---

3) 이완재, 「退溪가 본 高峯」, 『傳統과 現實』 창간호, 146~147쪽.

이러한 양자의 입장을 살펴볼 때, 인간성을 논함에 있어서 이황의 경우에는 사단과 칠정이 각각 별개의 것이 되어 버리고 기대승의 경우에는 사단 또한 정의 일부가 되어 그 순수성에 흠집이 가는 결과가 초래되고 만다.

이황과 기대승의 사칠리기 논쟁은 이황이 기대승에게 보낸 편지로부터 시작된다. 이는 먼저 기대승이 이황을 대면했을 때 정지운의 천명도 해설에 이의를 제기했기 때문이다. 이황은 1559년 정월 기대승에게 다음과 같은 편지를 보낸다.

또 사우士友들을 통해 공이 논란한 사단칠정설四端七情說을 전해 들었는데, 나의 생각에도 스스로 그렇게 만든 것이 온당치 못함을 병통으로 여겼더니 폄박貶薄을 받고는 더욱 소무疎繆함을 깨닫게 되었습니다. 즉시 "사단이 발發하는 것은 순리純理이기 때문에 선하지 않음이 없고, 칠정七情이 발하는 것은 겸기兼氣이기 때문에 선·악이 있다"라고 고쳤는데, 이와 같이 하면 병통이 없겠는지 모르겠습니다.[4]

위와 같이 이황은 기대승의 비판에 일단의 정정을 해 온 것이다. 이에 대해 기대승은 다음과 같은 서신을 올린다.

자사子思가 "희喜·노怒·애哀·락樂이 발하지 않은 것을 중中이라 하고 발하여 절도節度에 맞은 것을 화和라 한다"고 한 것과 맹자孟子가 "측은惻隱의 마음은 인仁의 단서이고, 수오羞惡의 마음은 의義의 단서이고, 사양辭讓의 마음은 예禮의 단서이고, 시비是非의 마음은 지智의

---

4) 「兩先生四七理氣往復書」, 『傳統과 現實』 창간호, 243쪽. 이황과 기대승이 주고받은 서한의 연대는 이완재, 「退溪가 본 高峯」, 『傳統과 現實』 창간호, 146~147쪽 참조

단서이다"라고 한 것이 바로 성정性情의 설인데, 선유先儒들이 그 뜻을 드러내 밝힌 것이 극진합니다. 그러나 일찍이 상고해 보건대, 자사의 말은 그 전체를 말한 것이고 맹자의 논론論은 그 일부를 떼어 낸 것이었습니다. 대개 사람의 마음이 아직 발하기 전에는 그것을 성性이라 하고 이미 발한 뒤에는 그것을 정情이라 하는데, 성에는 선하지 않음이 없지만 정에는 선·악이 있는 것은 고연固然의 이치입니다. 자사와 맹자가 가리켜 말한 것이 같지 않았기 때문에 사단과 칠정의 구별이 있게 된 것이지 칠정 밖에 다시 사단이 있는 것은 아닙니다.

그런데 지금 만약 "사단은 리에서 발하기 때문에 선하지 않음이 없고 칠정은 기에서 발하기 때문에 선·악이 있다"고 한다면, 이것은 리와 기가 갈라져서 두 가지 물건이 되는 것으로 칠정은 성性에서 나오지 않게 되고 사단은 기氣를 타지 않는 것이 됩니다. 이는 어의語意에 병통이 없을 수 없어 후학後學(기대승 자신을 가리킴)이 의심이 없을 수 없습니다. 그렇다고 또 "칠정이 발하는 것은 기를 겸하였기 때문에 선·악이 있다"는 말로 고친다면, 비록 전설前說보다는 약간 나은 듯하지만 저의 생각에는 역시 타당치 않은 듯합니다.[5]

이렇게 전제를 해 놓고 기대승은, 옛날 성현들이 말씀하신 것처럼 리는 기를 주재하는 것이고 기는 리의 재료가 되는 것임에는 틀림없으나 이러한 리와 기는 한 사물에 있어서는 혼륜渾淪해 있기에 서로 나눌 수 없다고 말한다. 그는 계속하여 다음과 같이 주장한다.

다만 리는 약하고 기는 강하며 리는 조짐이 없고 기는 형적形跡이 있기 때문에 발현發現·유행流行하는 사이에 과過·불급不及의 차이가

없을 수 없습니다. 이것이 바로 칠정의 발현이 혹 선하기도 악하기도 하여, 성의 본체도 혹 온전하지 못한 바가 있게 되는 까닭입니다. 그러나 선한 것은 바로 천명天命의 본연이고 악한 것은 바로 기품氣稟의 과·불급이니, 이른바 사단·칠정이란 것이 애당초 두 가지 뜻이 있는 것은 아닙니다.[6]

여기서 이황은 '천명도'의 해석에 있는 "사단은 리에서 발하고 칠정은 기에서 발한다"는 말이 논쟁거리가 됨을 알아차린다. 그리고 그에 대한 설명을 하면서 사단에 순선純善, 칠정에 겸기兼氣라는 말을 넣어 고쳤지만 이 말 역시 그 뜻을 보다 분명히 하려는 것일 뿐 약간의 이론이 있을 수 있음을 시인한다. 동시에 그는 기대승의 이론에 다음과 같이 직접적인 반격을 가한다.

사단도 정이고 칠정도 정이라면 똑같은 정인데, 어째서 사단·칠정이란 이명異名이 있는 것입니까? 이것이 바로 공의 편지에서 이른바 "가리켜 말한 것이 같지 않다"는 것입니다.[7]

그리고 이황은 기대승이 언급한 자사와 맹자의 말을 다시 예로 들면서, "자사의 '천명의 성'(天命之性)과 맹자의 '성선의 성'(性善之性)의 이론에서 성性자가 의미하는 바는 리기理氣가 부여된 속에서 리의 원두본연처源頭本然處를 말한 것"[8]이라고 한다. 따라서 그 가리키는 것이 리에 있고 기에 있지 않기 때문에 순선무악純善無惡이라고 할

---

6) 같은 책, 같은 글, 244쪽.
7) 같은 책, 같은 글, 245쪽.
8) 같은 책, 같은 글, 246쪽.

수 있는데, 만약 리와 기가 떨어질 수 없는 것이 되면 겸기兼氣도 리를 의미하는 성性이 되므로 이것은 잘못된 것이라고 하면서 다음과 같이 자기 주장을 설파한다.

대개 리와 기는 서로 자뢰資賴하여 체가 되고 용이 되는 것이니, 진실로 리 없는 기가 없고 또한 기 없는 리도 없습니다. 그러나 가리켜 말한 것이 다르면 구별이 없을 수 없습니다.…… 사단은 모두 선하기 때문에 네 가지 마음이 없으면 사람이 아니라고 하였고, 또 그 정으로 말하면 선하다고 말할 수 있다고 하였습니다. 칠정은 선악이 정해지지 않았기 때문에 하나라도 두어 살피지 않으면 마음이 바름을 얻지 못하고 발하여 절도에 맞아야 화和라 한다고 하였으니, 이로써 보면 두 가지 모두 리·기에서 벗어난 것은 아니지만 그 소종래所從來를 인하여 각각 주도하는 바와 중하게 여기는 바를 가리켜 말한다면 어떤 것을 리라 하고 어떤 것을 기라 한들 무엇이 불가하겠습니까?…… 지금 공의 변론은……합동合同하기를 기뻐하고 분리分離하기를 미워하며 하나로 뭉뚱그리기를 좋아하고 분석하기를 싫어하여, 사단·칠정의 소종래는 따져 보지도 않고서 일률적으로 리와 기를 겸하고 선악이 있다고 여겨 깊이 분별하는 것을 불가하다 하였습니다.…… 이런 식으로 계속한다면 알지 못하고 깨닫지 못하는 사이에 차츰차츰 기를 성性으로 논하는 폐단에 빠지고 인욕人欲을 오인하여 천리天理로 여기는 병통에 떨어지게 될 것이니, 어찌 가하다 하겠습니까?[9]

이에 대해 기대승은 자신의 주장을 12절로 나누어 조목조목 설명하면서 이황의 이론에 다시금 의문을 제시한다. 요약하면 다음과 같다.

---

9) 같은 책, 같은 글, 245~248쪽.

사단이 리의 발현이라고 한 말은 진실로 바꿀 수 없는 정론定論이지만, 칠정이 기의 발현이라고 한 말은 오로지 기만을 가리킨 것이 아니니 이것이 바로 곡절이 없지 않다고 한 것입니다. 이른바 칠정이 비록 기와 관계가 되는 것 같지만 리 또한 그 속에 있습니다. 그 발하여 절도에 맞는 것은 곧 천명의 성(天命之性)의 본연의 체(本然之體)로서 맹자가 말한 사단과 같으면서 이름만 다른 것입니다.…… 그러므로 제가 전설前說에서 "칠정 밖에 다시 사단이 있는 것이 아니다" 한 것도 바로 이를 이름이었고, 또 "사단·칠정이 애당초 두 가지 뜻이 있는 것이 아니다" 한 것도 이를 이름이었습니다. 이로써 말한다면 "사단은 리를 주로 하고 칠정은 기가 주로 한다"고 말씀하신 것이 그 대강은 비록 같지만 곡절에는 같지 않은 바가 있습니다.

뒤에 주신 편지를 보니 "사단이 발하는 것은 순리純理이기 때문에 선하지 않음이 없고, 칠정이 발하는 것은 겸기兼氣이기 때문에 선악이 있다"고 고치셨는데 이 고친 말이 전설前說보다 더욱 분명합니다. 그러나 저의 생각에는 역시 타당치 않게 여겨집니다. 그 이유는 대개, 사단과 칠정을 대對로 열거하고 서로 나누어 그림 속에 게시揭示해서 혹은 사단은 선하지 않음이 없다 하고 혹은 칠정은 선악이 있다고 한다면, 사람들이 보고는 마치 두 정이 있는 것으로 의심할 것이고 설령 정이 둘이라고 의심하지 않는다 하더라도 정 속에 두 가지의 선이 있어서 하나는 리에서 발하고 하나는 기에서 발한다고 의심하는 자가 있게 될 것이기 때문입니다.……

저는 리·기를 일물一物이라 한 것도 아니고 또한 리·기가 이물異物이 아니라고 하지도 않았습니다. 저의 설에는 애당초 이런 뜻도 없었고 또한 이런 말도 없었는데, 선생께서 저의 설에 합당치 못함이 있는 것을 보시고는 드디어 취할 만한 것이 없다고 여기시어 자세히 살피지 않으신 듯합니다.[10]

---

10) 같은 책, 같은 글, 251~264쪽.

위와 같은 공격에 대해 이황은 다시 기대승에게 답서를 보낸다. 이 답서에서 그는, 옛날의 유학자들이 분명히 리와 기가 서로 떨어지지 않고 칠정이 리와 기를 겸하였다는 이론에 대해 잘 알고 있었으며 또 성과 정을 하나로 묶어 보는 기대승의 입장이 틀린 것이 아니라는 점을 인정한다. 그러나 자신과 기대승의 생각이 처음 선유先儒들의 설을 논할 때는 같다가 그 해석 과정에서 달라졌기 때문에 문제가 생긴 것이라고 설명하면서 그는 다음과 같이 말하고 있다.

공의 생각은 사단과 칠정은 모두 리·기를 겸한 것으로서 실제는 같으면서 이름만 다른 것이므로 리와 기에 분속分屬해서는 안 된다고 여기는 것입니다. 나의 생각은, 다른 가운데 나아가서 같은 것이 있음을 볼 수 있기 때문에 두 가지를 진실로 혼합하여 말한 것이 많지만, 또한 같은 가운데 나아가서 다름이 있음을 알 수 있으므로 두 가지를 가리켜 말한 데에는 자연히 주리主理와 주기主氣의 같지 않음이 있는 까닭에, 사단·칠정을 리·기에 분속하는 것이 무엇이 불가하겠는가 라고 여기는 것입니다.[11]

계속해서 그는 다음과 같이 주장한다.

천지·인물로써 보건대 리가 기 밖에 있는 것이 아닌데도 오히려 분별하여 말하였으니, 그렇다면 성을 논하고 정을 논함에 있어 비록 리가 기질 속에 있고 성이 기질 속에 있다 하더라도 어찌 분별하여 말할 수 없겠습니까? 대개 사람의 한 몸은 리와 기가 합쳐서 생겨난 것이기 때문에 리와 기 두 가지가 서로 발하여 쓰임이 되고 또 그 발할 때에

---

11) 같은 책, 같은 글, 280쪽.

서로 따르는 것입니다. 서로 발한다면(互發) 각각 주主가 되는 바가 있음을 알 수 있고, 서로 따른다면(相須) 함께 그 속에 있음을 알 수 있습니다. 서로 그 속에 있기 때문에 혼합하여 말할 수도 있지만, 각각 주가 되는 바가 있기 때문에 분별해서 말해도 불가함이 없습니다.

성을 논하면 리와 기 속에 떨어져 있는 것인데도 자사와 맹자는 본연의 성(本然之性)을 지적하였고 정자程子와 장자張子는 기질의 성(氣質之性)을 논하였는데, 어찌 정을 논하는 데에서만 성이 기질 속에 떨어져 있다는 이유로 해서 각각 발하는 바에 따라 사단 · 칠정의 소종래所從來를 분별하는 것이 불가하다 하겠습니까? 리기를 겸하고 선악이 있는 것은 정뿐만 아니라 성도 그러한데, 어찌 이것으로써 분별할 수 없다는 증거로 삼을 수 있겠습니까?12)

또한 이황은 자기의 주장을 설명하기 위해 말을 타고 가는 사람의 예라는 재미있는 비유를 드는데, 그 내용은 아래와 같다.

옛사람이 사람이 말을 타고 출입하는 것으로써 리가 기를 타고 행하는 것에 비유한 것은 참으로 좋은 비유입니다. 대체로 사람은 말이 아니면 출입하지도 못하고 말은 사람이 아니면 길을 잃게 되니, 사람과 말이 서로 따르고 떨어질 수 없는 것입니다. 말하는 자가 이것을 혹 넓은 의미로 가리켜 '가는' 것만을 말하면, 사람과 말이 모두 그 가운데 있는 것이니 사단 · 칠정을 혼합하여 말하는 것이 이것입니다. 혹 '사람이 가는' 것만을 가리켜 말하면, 말까지 아울러 말하지 않더라도 말이 가는 것도 그 가운데 있으니 사단이 이것입니다. 혹 '말이 가는' 것만을 가리켜 말하면, 사람까지 아울러 말하지 않더라도 사람이 가는 것도 그 가운데 있으니 칠정이 이것입니다. 그런데 지금 공은

---

12) 같은 책, 같은 글, 281쪽.

내가 사단·칠정을 분별하여 말하는 것을 보고는 매양 혼합해서 말해야 한다는 말을 이끌어 공격하니, 이는 "사람이 간다, 말이 간다" 하고 말하는 것을 보고서는 사람과 말은 하나이므로 나누어 말할 수 없다고 역설力說하는 것입니다.[13]

이러한 회신을 받은 기대승은 다시 사단칠정을 재론하면서 이황에게 답서를 보낸다. 이 답서에서 그는 "왜 선생께서는 사단과 칠정을 리와 기로 나누어 대구對句로 만들고 계시는가" 하는 본질적인 의문을 제기한다. 즉 성도 리기를 포함한 것이고 정도 리기를 포함한 것이라는 점을 인정하면서도 왜 굳이 그 소종래를 운운하여 사단과 칠정을 리와 기로 나누려고만 하는가 라는 뜻이다. 이어서 그는 물에 비친 달빛의 비유를 들어 다음과 같은 말을 한다.

이른바 사단·칠정이란 것은 바로 리가 기질에 떨어진 뒤의 일로서 마치 물 속에 있는 달빛과 흡사합니다. 칠정은 그 빛의 밝음과 어두움이 있는 것이고 사단은 그 빛이 특별히 밝은 것입니다. 칠정에 밝고 어두움이 있는 것은 진실로 물의 청탁 때문이고, 절도에 맞지 않은 사단은 빛은 비록 밝지만 물결의 움직임을 면하지 못한 것입니다. 삼가 바라건대 이런 도리를 가지고 다시 생각해 봄이 어떻겠습니까?[14]

여기에서 기대승은 논쟁의 핵심을 드러내는 매우 중요한 논리를 내세우는데, 그것은 바로 대설對說과 인설因說이라는 학문적 접근 방법이다. 그는 다음과 같이 말하고 있다.

---

13) 같은 책, 같은 글, 283쪽.
14) 같은 책, 같은 글, 303쪽.

저의 생각에는 주자가 "사단은 바로 리발理發이고 칠정은 바로 기발氣發이다"라고 말한 것은 대설對說이 아니라 인설因說입니다. 대설은 곧 좌左와 우右를 말하는 것과 같은 것으로서 상대시켜 말함이고, 인설은 곧 상上과 하下를 말하는 것과 같은 것으로 이어서 말하는 것입니다. 성현의 말씀에는 대설과 인설의 다름이 있으니 살피지 않으면 안 될 것입니다.15)

지금까지 살펴본 이황과 기대승의 치열한 논쟁은 1559년에서 1561년 사이에 이루어진 것이다. 그 후 1562년 10월 이황은 기대승에게 짧은 편지를 보내는데, 여기서 그는 사단과 칠정에 대한 더 이상의 논의는 부질없다는 생각을 피력하면서 그들 논변의 상황을 비유한 의미 있는 시 한 수를 함께 부친다.

짐 실은 두 사람 경중을 다투지만   兩人馱物重輕爭,
높낮음을 헤아려 보면 이미 공평하다.   高度低昂亦已平.
을 쪽을 이겨 갑 쪽으로 다 돌리면   更刻乙邊歸盡甲,
짐의 균형 어느 때나 공평해질까?   幾時馱勢得勻停.16)

그리고 말미에 "한번 웃어 주십시오"라 적고 글을 맺는다.

그 후 기대승도 더 이상 글을 올리지 않다가 4년이 지난 1566년 7월 이황에게 짧은 글을 부친다. 그 글 속에서 기대승은 "보내 주신 절구 한 수를 받아 보니 매우 망연하여 다시 여쭙고 싶은 마음이 없었습니다. 그래서 오랫동안 감히 여쭙지 못했습니다"17)라고 말하고, 지

---

15) 같은 책, 같은 곳.
16) 같은 책, 같은 글, 318쪽.

난 편지 왕래들은 유감없이 자신의 의사를 밝히려 한 것일 뿐 고의로 이황을 어지럽히려는 것이 아니었다고 해명한다. 이어서 그는 자기의 생각을 「후설後說」 1편과 「총론總論」 1편으로 요약하여 이황에게 보내는데, 그 내용은 이미 이전의 편지들에서 논의된 사항들을 함축해서 정리한 것이다.

이황은 다시 그 해 10월 기대승에게 편지를 보내어 그 사단칠정 논변의 「후설」과 「총론」에 대한 칭찬을 아끼지 않는다. 그러면서 그는 마지막에 "공이 논한 나의 설 가운데 '성현의 희노애락'과 '각각 소종래가 있다'는 등의 설에는 과연 타당하지 않음이 있으니, 감히 그 사이에 반복해서 생각해 보겠다"라는 말을 덧붙인다. 그리고 이로써 그 유명한 사칠 논변은 형식상 끝을 맺는다.

여기에 한 가지 덧붙이고 싶은 말이 있다면, 바로 두 학자의 학문적 자세에 관한 것이다. 기대승은 이황보다 26세나 연하였지만 질의를 올릴 때는 기탄 없이 자기 주장을 펴면서 대선배의 이론을 정면으로 공박하였다. 그러나 그는 결코 배우는 자의 자세를 버리지 않았는데, 편지의 끝머리는 언제나 다음과 같은 식으로 표현되어 있다.

이곳 저에게는 의심이 산적하여 질문하고 싶은 것이 한두 가지가 아닙니다. 필찰로 전하는 바라서 말의 뜻을 충분히 설명드릴 수 없으니, 오직 가슴을 부여잡고 탄식하며 선생이 계신 동쪽을 바라보면서 눈물만 흘릴 뿐 다시 어찌하지 못합니다. 바라건대 양찰諒察하소서. 대승大升이 삼가 돈수재배頓首再拜하고서 말씀드립니다.[18]

---

17) 같은 책, 같은 글, 319쪽.
18) 같은 책, 같은 글, 270쪽.

이를 대하는 이황의 자세 또한 높이 평가될 수 있다. 한마디로 그는 26세나 연하인 청년 학자의 논의에 조금도 거만함을 보이지 않고 겸손한 자세로써 정말 제자를 사랑하는 마음으로 답서를 썼다. 그는 편지의 말미에 늘 다음과 같은 투의 글을 적고 있다.

나는 늙어서 이같이 정신이 흐려지게 되어, 학문이 퇴보하고 사욕私欲이 지나쳐서 망령되이 무익한 말을 하여 공의 절절시시切切偲偲하는 후의厚意를 저버리지나 않았는지 매우 두렵습니다. 바라건대 나의 참담함을 용서하고 어진 마음으로 끝내 사랑해 주오.19)

이 어찌 훌륭한 자세가 아니겠는가!

관직에 제수되고 또 그 자리를 사퇴하면서 상경과 귀향을 반복하던 이황은, 1569년 69세의 나이로 벼슬을 완전히 그만두고 고향으로 돌아가게 된다. 이날 밤 선조임금은 그를 불러 국정의 제반사에 대한 의견을 구하면서 마지막에 당시의 학자들에 대한 소견을 묻는데, 이때 이황은 다음과 같이 대답한다.

이 문제는 말씀드리기가 어렵습니다. 옛날에 어떤 사람이 정자程子에게 "문인 가운데 누가 학문에 얻은 바가 있습니까?" 하고 물었는데 정자는 "얻은 바가 있다고 말하기는 쉬운 일이 아니다"고 하였습니다. 그 당시 유초游酢, 양시楊時, 사량좌謝良佐, 장택張澤, 윤순尹淳 같은 많은 사람이 있었는데도 정자는 쉽사리 허락하지 아니하였습니다. 그러니 신이 어찌 감히 임금을 속이고 어느 사람이 얻은 바가 있다고 하겠습니까? 그러나 기대승 같은 사람은 문자를 많이 보았고 리학理學에

19) 같은 책, 같은 글, 295쪽.

있어서도 그 견해가 뛰어났으니 통달한 선비라 할 것입니다. 다만 수렴 공부가 적을 따름입니다.[20]

어전에서도 이황은 자기를 그렇게 곤경에 빠뜨렸던 기대승을 어떠한 편견도 없이 진실로 당대 제일의 학자라고 추천한 것이다. 여기에서도 우리는 후배를 사랑하는 대학자의 태도를 엿볼 수 있다.

2. 주기론적 성리학의 태동

이제 다시 말머리를 돌려 기대승이 언급한 대설과 인설을 좀더 구체적으로 논의함으로써 사단칠정 논변의 핵심을 정리해 보자. 이을호는 그의 「고봉학서설高峯學序說」[21]이란 논문에서, 대설이란 좌우를 말하는 것이니 두 개의 상황을 대치해서 설명하는 것이요 인설이란 상하를 말하는 것이니 인잉因仍하는 것이라고 하면서 이상은의 해석에 동의하고 있다. 특히 '인잉'에 대해 이상은은 다음과 같이 말한다.

무엇을 상하上下라 하고 무엇을 인잉因仍이라 하는가?……
고봉은 리가 기질 가운데 타재墮在한 것이 곧 인성人性이요 그것이 곧 기질지성氣質之性이라 하였다.…… 그것은 더 올려 캐어 보면 우주론에 있어서 태극 즉 형이상의 리가 음양·오행 즉 형이하의 기질 속으로 들어온다는 말이다. 기는 형이하요 리는 형이상이니 리가 기 속으로 들어오면 이것이 곧 상이 하 속으로 들어온다는 것이다.……

20) 이완재, 「退溪가 본 高峯」, 『傳統과 現實』 창간호, 145쪽. 이완재는 주에서 이 부분을 「退溪年譜」에서 인용하였다고 밝히고 있다.
21) 「高峯學序說」은 『傳統과 現實』 창간호, 9~29쪽에 실려 있다.

인잉이라는 말은 그대로 따른다는 뜻이다.…… "인因은 '의지하다'(依)의 뜻이다"(因猶依也) 하였고,…… "인잉因仍은 '의지하여 따르다'(因循)의 뜻이다"(因仍猶因循) 하였다.…… 기 속에 타재한 리가 발할 때에는 기를 타고 발하는데, 그 기가 리에 잘 순종하면 그 발發은 중절한 발發이 되고 순종하지 않으면 부중절한 발發이 된다.…… 다시 말하면, 사단의 발은 칠정의 발과 소종래가 같기 때문에─기질지성 속에 갖추어져 있는 리가 기를 타고 발하는 것이기 때문에─ 사단의 발은 칠정의 발에 인잉하여 이룩되고…….22)

이렇게 보면 사단과 칠정의 관계를 이황은 대설적으로 파악하고 기대승은 인설적으로 파악하였다고 보는 것이 타당할 것이다. 따라서 이황은 리와 기를 갈라서 보는 이원론적 입장이고 기대승은 리와 기를 혼륜해서 보는 일원론적 입장이라는 막연한 설명보다는, 그들은 사단과 칠정을 각각 대설로 보고 인설로 보았다고 해석하는 것이 보다 의미 있다고 하겠다. 이을호는 다음과 같이 결론을 내린다.

설령 고봉의 인설因說을 일원론적이라 한다 하더라도 인잉因仍이라는 상호의존적 일원론이기 때문에 이것은 어쩌면 이이일二而一적 일원론이라는 부수적 설명이 필요할 것이요, 퇴계의 대설對說을 이원론적이라 한다 하더라도 이것은 대대對待라는 관계 속에서의 이원론이라는 이해가 있어야만 리기호발설理氣互發說의 도출이 가능할 것이다. 그러므로 고봉이나 퇴계는 한결같이 절대적 일원 또는 이원론이라 이르지 않을 수 있다.23)

---

22) 이상은, 「四七論辯과 對說·因說의 意義」, 『高峯學論叢』(『傳統과 現實』 제3호, 고봉학술원, 1993), 158쪽. 또한 이을호, 「高峯學序說」, 『傳統과 現實』 창간호, 12쪽 참조.
23) 이을호, 「高峯學序說」, 『傳統과 現實』 창간호, 13쪽.

이러한 대설과 인설의 입장에서 양자의 논변을 살펴보면 사실 논리적으로 어느 쪽이 더 타당한지를 판별하기란 어렵다. 이것은 두 사람이 주희의 용어인 분석分析과 혼륜渾淪의 말로 설명했다 하더라도 해결하지 못한, 미완으로 남겨진 숙제라 아니할 수 없다.

한편 배종호는 칠포사七包四의 논리를 사용하여 기대승에 있어서의 사칠四七 관계를 보다 명확하게 설명한다. 그의 논문 중 일부를 인용하면 다음과 같다.

퇴계가 사단과 칠정을 완전히 리와 기로 분대分對한 것은, 주자의 이른바 결시이물決是二物 사상을 이어 리·기를 별물로 생각한 데다가 마치 사람의 심정心情에 이성과 감정(感性)의 두 가지가 있는 것을 보고 그 소종래를 추리함으로써 "사단리지발四端理之發, 칠정기지발七情氣之發"이라 단정한 것이다. 그러나 고봉은 이와 반대로 주자의 이른바 '리기의 불가분개不可分開'의 견해를 견지했음은 물론 칠정은 심心작용의 전체全體라 판단했기 때문에, 사단은 순선純善하므로 칠정 중의 선 일변이며 그것은 순전히 리지발理之發로서 주자의 이른바 성즉리性卽理에 해당하며 또 무불선無不善인 천지지성天地之性이라 보았던 것이다. 게다가 『중용』의 미발未發과 이발已發의 문제와 관련시켜 생각할 때, 희노애락 미발의 중中은 무소편의無所偏倚로서 만리萬理를 구유한 천명지성天命之性이며 그것이 발하여 중절하면 화和로서 선이고 부중절하면 불화不和로서 악이라 생각하게 되므로, 『중용』의 소위 희노애락의 사정四情과 이천호학론伊川好學論의 소위 희노애구애오욕의 칠정七情을 동일시하여 자못 '하나의 정'(一個情)으로 보았던 것이다. 따라서 맹자의 이른바 사단은 다만 '하나의 정'인 칠정 중의 선 일변이며 리지발理之發로서, 『중용』의 소위 중절자中節者와 동질이명

同質異名이라 한다.…… 요약하면 퇴계는 칠정과 사단을 별개물別個物로서 감성과 이성의 대립으로 생각하였으니 이것을 칠대사七對四라 형용한다면, 고봉은 칠정을 감성과 이성을 합한 전체로 취급하여 사단은 다만 이성이라고 보았으므로 이것은 칠포사七包四로 표현할 수 있겠다.[24]

기대승의 칠포사七包四 이론은 조선 성리학에 새로운 숙제를 안겨 줌과 동시에 종래의 리 중심적 리기 해석에 커다란 파문을 던졌다. 그의 현상론적 입장에서의 리기 해석과 이에 따른 심성정心性情 논의는 그간 본체론적·우주론적 리기 개념을 원용한 심성정 해석의 한계를 극복한 것이었다. 어떤 면에서 볼 때 주정적主情的 입장에서 심心의 원리를 규명한 그는 리기 이론에 있어서 현상적 입장을 더 강조함으로써 이에 따른 주기론主氣論의 근거를 제시하였다고도 이해할 수 있다. 따라서 기대승의 이론이 나옴으로써 조선 성리학의 새로운 전기가 마련되었다 해도 과언은 아닐 것이다.

그런데 왜 기대승의 이론은 널리 알려지지 않고 그대로 묻혀 버린 듯 보일까? 어쩌면 이황이라는 너무나 큰 대학자의 리 강조 이론에 묻혀 버린 면이 있었을는지도 모른다. 그러나 더 근본적인 이유는 아무래도 그 뒤를 바로 이은 이이李珥의 명성에 가려졌기 때문이 아닐까 한다. 이이는 기대승보다 9세 연하인 동시대의 인물인데, 그는 이황과 기대승의 사칠 논변에 직접 가담하지는 않았던 것 같다. 그러나 그의 소위 '리기일원론理氣一元論'은 어떤 면에서 기대승의 사상을 그대로 답습한 것과도 같다. 이처럼 그의 사상은 기대승의 영향을 절대

---

24) 배종호, 「性理學과 奇高峯」, 『高峯學論叢』, 87~88쪽.

적으로 받은 것임에도 불구하고 오히려 기대승이 이이의 명성 아래 묻혀 버린 듯한 감이 드는 것이다.

이이는 기대승의 학식이 설사 이황에 미치지 못한다 하더라도 사칠 논변에 있어서만큼은 기대승의 이론이 훨씬 명쾌하다는 점을 인식하고 있었던 것 같다. 그는 다음과 같이 기술하고 있다.

내가 강릉에 있을 때 기명언奇明彦이 퇴계와 더불어 사단·칠정을 논한 편지를 보았다. 퇴계는 "사단은 리에서 발현하고 칠정은 기에서 발현한다"고 하였고 명언은 "사단칠정은 원래 두 개의 정이 아니고, 칠정 중의 리에서 발현한 것이 사단이다"라고 하여, 왕복한 편지가 만여 언言인데 마침내 서로 맞지 않았다. 내가 보기에는 명언의 논리가 나의 견해와 일치한다. 대개 성性에는 인의예지신이 있고 정情에는 희노애락애오욕이 있으니, 이와 같을 따름으로 오상五常 밖에 다른 성이 없고 칠정七情 밖에 다른 정이 없다. 칠정 가운데서 인욕이 섞이지 않고 순수하게 천리에서 나온 것이 바로 사단인 것이다.[25]

이러한 표현은 바로 이이의 사상이 기대승의 그것과 차이가 없음을 단적으로 나타내 주는 것이라 하겠다. 다만 이이는 의意라는 또 다른 개념을 하나 첨가하여 심心·성性·정情의 관계를 약간 독특하

---

25) 『栗谷全書』, 권14, 「論心性習」 "余在江陵, 覽奇明彦與退溪四端七情書. 退溪則以爲 四端發於理·七情發於氣, 明彦則以爲四端七情元非二情, 七情中之發於理者爲四端 耳, 往復萬餘言終不相合. 余曰明彦之論正合我意, 蓋性中有仁義禮智信, 情中有喜 怒哀樂愛惡欲斯而已. 五常之外無他性, 七情之外無他情, 七情中之不雜人欲, 粹然 出於天理者是四端也." 『栗谷全書』는 성균관대학교 대동문화연구원에서 1992년에 Ⅰ·Ⅱ권으로 나누어 원문 그대로 복간하였으며, 정신문화연구원에서도 1~7권으로 나누어 출판하였다. 이 책에 실린 이이의 주장은 모두 황의동의 「高峯의 性理學과 栗谷의 性理學」(『高峯學論叢』, 387~416쪽)에서 인용하고 그 번역을 따랐다.

게 이해하고 있다.

성과 정은 모두 심 내에 있는 것이다. 구태여 리기로 표현하자면 성은 리요 정은 기이지만, 결국 성은 심의 미발 상태이고 정은 심의 이발 상태일 뿐이다. 이것이 기대승이 파악한 심·성·정의 관계이다. 이이 역시 기대승과 같은 생각을 가졌지만, 그는 '의意'의 개념을 첨가하여 정情의 의미를 보다 구체적으로 설명한다.

> 성性은 심心의 리理요, 정情은 심心의 동動이다. 정이 동한 후 정에 비롯되어 계교計較한 것이 의意이다. 만약 심과 성을 둘이라 한다면 도道와 기器가 서로 떠날 수 없는 것이며, 정과 의가 둘이라면 인심에도 두 근원이 있으니 어찌 크게 어긋나지 않겠는가? 모름지기 성·심·정·의가 단지 한 길인데 각각 경계가 있음을 안 연후에야 그릇됨이 없다. 무엇을 한 길이라 하는가? 심의 미발은 성이요 이발은 정이며 정이 발한 후에 상량商量하는 것이 의로서, 이것이 한 길이다. 무엇을 각각 경계가 있다 하는가? 심의 적연부동寂然不動한 때가 성의 경계요, 감이수통感而遂通의 때가 정의 경계이며, 느낀 바에 따라 계교상량計較商量한 것이 의의 경계이다. 단지 일심一心인데 각각 경계가 있을 뿐이다.[26]

이 외에 리기의 묘합에 근거한 이이의 '리통기국理通氣局'이란 개념도 리와 기가 서로 다른 이물이 아니라는 것으로 결국은 기대승의

---

26) 『栗谷全書』, 권14, 「雜記」, "性是心之理也, 情是心之動也, 情動後緣情言計較者爲意. 若心性分二則道器可相離也, 情意分二則人心有二本矣, 豈不大差乎. 須知性心情意只是一路而各有境界然後, 可謂不差矣. 何謂一路? 心之未發爲性, 已發爲情, 發後商量爲意, 此一路也. 何謂各有境界? 心之寂然不動時是性境界, 感而遂通時是情境界, 因所感而紬繹商量爲意境界. 只是一心各有境界."

견해와 차이가 없다고 할 것이다. '리통기국理通氣局'의 '통通'은 하나로서 같다는 의미를 가지며 '국局'은 서로 다른 것으로서 변화가 있다는 뜻이므로 '리동기이理同氣異'를 강조하는 기대승의 가설과 같다. 그러므로 이이의 심성론은 기대승의 심성론을 계승한 것이라고 볼 수 있다.

기대승과 이이의 리기묘합理氣妙合 이론은 결국 기를 중시하는 특징을 드러냄으로써 이황의 이론과 함께 이후 조선 성리학을 주리론主理論과 주기론主氣論으로 양별하는 결과를 초래했다. 나아가 그것은 기호학파畿湖學派와 영남학파嶺南學派를 구별하는 근거를 마련하였다고도 말할 수 있다. 기호학파와 영남학파는 한마디로 지리적 구별에 의한 일련의 학풍적 특성을 지칭한 것인데, 기호학파에서는 기대승과 이이의 설을 이어받아 기발리승설氣發理乘說을 따르게 되고 영남학파에서는 이황의 리기호발설理氣互發說을 따르게 되었기 때문이다. 정치적으로 말하면 영남학파는 남인南人의 입장이고 기호학파는 서인西人 특히 노론老論의 입장이었다고 해도 크게 틀리지는 않을 것이다.27)

실제로 퇴계학파와 율곡학파의 구별이 이상과 같이 그 꼬리를 길게 물고 있다고 보면 기대승과 이이의 주기적 입장은 임성주任聖周(1711~1788, 호는 鹿門)에 와서 절정을 이루었다고 할 수 있다. 임성주가 기대승도 감히 하지 못했던 리의 실재를 부정한 것은 조선의 성리학 전통 속에서 볼 때 참으로 어려운 일이었으리라 사료된다.

임성주는 성性의 리理적인 요소를 부정하면서 '리기동실理氣同

---

27) 오종일, 「畿湖學과 高峯」, 『高峯學論叢』, 431~447쪽 및 조남호, 「조선에서 주기 철학은 가능한가」, 『논쟁으로 보는 한국철학』(예문서원, 1998), 129~148쪽 참조

實·심성일치心性一致'라는 주장을 내건다.[28] 이는 리의 자발적 운동
능력을 부정하고 마음이란 오직 기의 작용에 불과함을 강조한 것이
다. 이 말은, 인간의 마음은 생명 현상에 근거한 '기'의 작용에 불과한
것이지 '리'라는 무슨 초월적 요소가 따로 있는 것은 아니다 라고 해
석할 수 있을 것이다. 임성주는 다음과 같이 말한다.

> 심과 성은 하나이다. 지적함이 어디에 있는가에 따라 달리 이름할 뿐
> 이다.…… 장자張子가 말한 '담일湛一'은 기의 본본이니 심은 그 영靈이
> 요 성은 그 덕德이다. 이 기가 없다면 심과 성이라는 이름 또한 스스로
> 설 수 없다.[29]

여기에서 "심은 그 영靈이요 성은 그 덕德"이라는 말은 마음이야
말로 기의 영묘한 기능이며 성이란 기가 표출되어 덕德에 맞을 때를
의미한다는 뜻이다. 기질의 밖에 따로 마음이 있는 것이 아니라 성이
란 것도 마음이 작동하는 방향에 따라 결정되는 것이라는 뜻으로 해
석될 수 있는 말이다.

임성주의 이론은 성리학적 입장 가운데 주로 기의 역할을 강조하
는 입장보다도 훨씬 더 멀리간 것이다. 아무리 기의 역할을 강조한다
하더라도 마음에서 리의 역할을 부정하지는 못한 것이 이전의 성리학
자들이었다면, 임성주는 과감하게 리 역할 자체를 부정하였던 것이
다. 이러한 해석은 성리학에서 도덕과 비도덕의 차이, 인간과 금수의

---

28)『鹿門集』, 권5,「書·答李伯訥」, "論理氣, 則必以理氣同實心性一致爲宗指."『鹿門
集』의 내용은 민족과사상연구회 編『四端七情論』(서광사, 1992), 345~365쪽에 실려
있는 김현의「녹문 철학의 사칠론적 문제의식」에서 인용하고 그 번역을 따랐다.
29)『鹿門集』, 권16,「雜著·大學」, "心也性也一也, 在所指如何耳.……張子所謂湛一, 氣
之本者也. 心其靈, 而性其德也. 無此氣, 則心與性之名亦無自以立矣."

차이를 리와 기의 설명으로 해석하려는 의도를 불가능하게 만듦으로써 결국은 조선 성리학의 전통에 모순을 불러일으키는 것이 될 수도 있다. 임성주는 리와 기의 역할을 나누는 것은 마음 내부에 선만 있는 것이 아니라 악도 있을 수 있다는 설명으로 비약될 수 있다고 보았기 때문이다. 임성주는 다음과 같이 주장한다.

'심은 악한데 성은 선하다', '기는 어두운데 리는 밝다' 하는 것은 리와 기, 심과 성을 판연하게 두 개의 사물로 구분하는 데 그치는 것이 아니다. 어떻게 선과 악이 (인간 내면에) 상대하여 머리와 다리를 나란히 하고 있다는 질책을 면할 수 있겠는가?[30]

이 말은, '마음은 악하고 성은 선하다'는 심악성선론心惡性善論을 기존 성리학의 성격으로 규정하면서 그것은 맹자의 성선설에 대한 올바른 이해가 될 수 없음을 지적하려 한 것이다. 따라서 임성주는 이전의 성리학자들이 주장한, 기에는 맑고(淸) 탁한(濁) 두 개의 요소가 있다는 견해를 부정하고 기의 담연청허湛然淸虛함을 주장하는 것이다. 그는 순선의 요소를 가지고 있다고 설명된 리도 결국은 담일한 기의 운동에 불과하다고 보았다. 이와 같다면 기만을 논한다 하더라도 바로 순선한 요소의 발현이 가능하게 되므로, 구태여 리를 끌어들여 순선을 논할 필요가 없게 되는 것이다.

그러면 임성주는 악의 발생을 어떻게 이해하였을까? 그는 '사재渣滓'라는 개념으로 악의 문제를 설명한다. '사재'란 하나의 찌꺼기로

---

30) 같은 책, 권5, 「書·答李白訥」, "心惡性善, 氣昏理明, 不但理氣心性判然作兩物. 惡得免善惡相對齊頭並足之譏乎."

해석될 수 있다. 임성주에 따르면, 기가 개인의 형질을 이룰 때에는 담일한 부분이 있고 그렇지 못한 찌꺼기가 있게 되는데, 이 찌꺼기가 담일한 기의 정통성에 방해를 줌으로써 악을 유발한다고 한다. 그는 다음과 같이 말하고 있다.

무릇 기의 근본은 담일湛一일 뿐이다. 다만 그 유행·응취의 때에 바르고 치우침, 통하고 막힘의 구분이 있게 되는데, 인간은 바르고 통한 것(正通)을 얻어 태어나 그 마음이 공통空通하게 된다. 이 공통하고 담일한 본체는 곧 이미 통연洞然한 것이니, 여기에는 요순堯舜과 걸주桀紂의 차이가 있을 수 없다. 이 기를 호연지기浩然之氣라고 하는데, 인성人性이 선한 이유는 바로 여기에 있다. 다만 그 정통한 가운데 탁박한 불순물이 낄 수 있으니, 그 탁박한 것에도 많고 적음의 차이가 있어 도척·장교와 같이 지극히 탁박해진 자는 그 인간 전체가 탁박하여 본체의 담일을 다시 찾을 수 없는 듯이 보이기도 한다. 그러나 그 실상을 궁구해 보면 이것은 단지 정통한 가운데의 사재일 따름이요 마치 맑은 물이 진흙에 흐려짐과 같은 것일 뿐이다.[31]

기질 속에 사재가 있는 것은 단지 일시적인 일일 뿐 본질적으로 기 속에 정통과 사재가 양존하는 것은 아니기에, 임성주의 입장은 기 이론으로써 여전히 맹자의 성선설을 강조하고 있는 것이다. 이러한 주장은 리를 부정하고서도 성선설을 주장할 수 있다는 이론이니 흥미

---

31) 같은 책, 권19, 「雜著」, "蓋氣之本, 湛一而已矣. 及其流行凝聚, 便有正偏通塞之分. 人得其正且通者以生, 而方寸空通. 卽此空通湛一本體便已洞然 更無堯桀之別. 此卽所謂浩然之氣, 而人性之所以善, 正在於此 特其正通之中, 或不能無濁駁之雜, 而所謂濁駁亦有多少般樣, 多之至而至於跖蹻, 則似乎全是濁駁, 不復可見其本體之湛一. 然究其實, 則亦只是正通中渣滓, 如淸水之爲泥沙所混耳."

롭지 않을 수 없다.

이야기가 여기까지 진전된 이상, 기대승을 필두로 한 주기론적 입장이 기호학파를 형성하면서 결국은 실사구시 학파들의 주장과 연결된다는 점도 논하지 않을 수 없다. 정약용丁若鏞(1762~1836, 호는 茶山)의 심성론을 보면, 임성주처럼 크게 비약해 가지는 않았다 하더라도 기대승이나 이이의 기 강조 이론과 유사한 점이 분명히 나타난다.

정약용의 성론性論은 성기호설性嗜好說이 그 핵심이라 할 수 있는데, 성기호설의 본질은 천리설天理說을 부정하는 것이다. 다산학의 대가 이을호는 다음과 같이 말한다.

> 기호嗜好라는 개념은 '호오好惡의 감정'이라는 뜻 외에 아무런 철학적 수식이 필요하지 않은 평범한 개념에 지나지 않는다. 우리말로는 '좋아한다', '즐긴다'는 뜻이다. 이러한 '호오의 감정'이 바탕이 되어 희노애락과 같은 칠정을 낳고 사단과 같은 도의적 감정도 생기게 된다는 것이 다산의 성기호설性嗜好說의 입장이다.[32]

이러한 주장은 나아가 '양성론兩性論'으로 연결된다. 즉 인간은 분명히 금수禽獸에게도 있는 기질氣質의 성性이라는 요소를 지니고 있는데, 다만 도덕성을 추구하는 '도의지성道義之性'이 함께 갖추어져 있기에 금수와 다를 수 있다는 것이다. 이을호는 그의 『다산경학사상연구』에서 정약용의 양성론을 설명하여 "기질지성은 금수들도 함께 지니는 성으로서 인간이 지닌 성 속에도 포함되어 있다. 그러나 도의지성만은 인간의 성 속에 포함되어 있는, 인간만이 소유한 특유의 인

---

32) 이을호, 「高峯學序說」, 『傳統과 現實』 창간호, 28쪽.

간성(Humanity)을 말하는 것이다"[33]라고 말한다.

정약용의 양성론은 바로 이이의 인심도심론人心道心論과도 맥을 같이한다고 할 수 있다. 이이 또한 정약용과 마찬가지로 인심人心과 도심道心은 결국 하나의 마음 속에 있다고 말함으로써 사단도 결국 칠정의 일부라고 하는 기대승의 말을 뒷받침해 준다. 조금 비약해서 설명하면, 의리를 위해 발하는 것이 도심이요 식색食色을 위해 발하는 것이 인심이라고 할 수 있다. 그렇다면 정약용의 양성론도 한 인간의 마음에는 만물이 함께 지닌 기질지성과 인간에게만 고유한 도의지성이, 다른 말로는 인심과 도심이 함께 포함되어 있음을 의미한다.

지금까지 설명을 기초로 다시 기대승의 사상적 입장을 요약해 본다면, 기대승은 조선 성리학에 주기主氣적 입장이 태동할 수 있는 근거를 마련했을 뿐 아니라 조선 성리학 특유의 입장을 정리하는 데 본질적 실마리를 제공함으로써 이후의 조선 성리학이 적어도 인성론에 있어서만큼은 중국을 능가할 수 있게 하였다. 또한 그는 기호학파의 근거를 마련하는 동시에 형이상학적 관념론을 벗어나 실사구시의 정신을 싹트게 하는 발단을 제공하기도 하였다. 그렇다면 필자는 이제 감히, 기대승은 조선 성리학에 커다란 한 획을 그은 학자이다 라고밖에 표현할 수 없는 것이다.

---

33) 이을호, 『茶山經學思想 研究』(을유문화사, 1966), 84쪽.

제3장 프로이트: '본능'과 '감성'의 강조

    일반적으로 고대 서양 철학과 근대 서양 철학에는 분명한 차이가 있다고 말한다. 고대 철학에서는 인간의 덕(Virtue)을 강조하고 근대 철학에서는 인간의 자유(Freedom)를 강조한다는 것이다. 독일의 하버마스(Jürgen Harbermas)는 그의 유명한 저술 『이론과 실제』(Theory and Practice)에서, 고전적 철학은 선이란 무엇인가에 초점을 맞추었기 때문에 순수한 불변의 이치 등에 관심을 가지고 덕(Virtue)을 강조하였으며, 근대 철학은 선을 향한 순선의 행동(Prudent Action)보다는 실질적 현상에 초점을 맞추었기 때문에 개인의 자유 정신에 강조점을 두고 인간성을 이해해 왔다고 말하였다.[1] 이러한 하버마스의 구별에 덧붙여 매킨타이레(A. MacIntyre)라는 또 하나의 거목은, 만약 고대 철학이 인간의 이성(Reason)을 강조했다고 한다면 근대 철학은 인간의 감성(Emotion)을 강조하였다고 직설적으로 말한다.[2]

---

1) Jürgen Harbermas, *Theory and Practice* (trans. John Viertel, Beacon Press, 1974), 41~43쪽.
2) Fred Alford, *Narcissism* (Yale University Press, 1988), 10·11·13쪽. MacIntyre의 주장은 그의 저서 *After Virtue* (University of Notre Dame Press, 1981)에 잘 설명되어 있다.

1. 근대의 물결들 — 마키아벨리에서 니체까지

덕을 강조하는 고대 철학 특히 플라톤과 아리스토텔레스의 인성론에 반기를 든 최초의 학자는 누구였을까? 그는 분명 저 유명한 정치이론가 마키아벨리(Niccolo Machiavelli, 1469~1527)일 것이다. 이탈리아반도 피렌체 공화국의 마키아벨리는 서구에서 최초로 플라톤과 아리스토텔레스가 주장한 덕(Virtue)을 부정한 사람으로, 방법론에 있어서도 덕의 실현을 위한 윤리학(Ethical Study)의 입장을 넘어 현상론적인 의미에서의 기술적(Technical Skill) 입장을 취하였다. 그는 소위 고전적 철학의 전통인 '가치에 대한 객관적 이해'(Objective Understanding of the Value)를 부정하고 '가치에 대한 주관적 이해'(Subjective Understanding of the Value)를 강조한 것이다.

언뜻 생각하기에는 고전 철학의 거두인 아리스토텔레스도 가치의 다양성(Plurality of Value)을 강조하였다고 볼 수 있다. 그러나 아리스토텔레스는 가치의 다양성을 인정하면서도 이들을 수직적으로 이해하여 최고의 선을 특히 강조하였다. 이에 비해 마키아벨리는, 가치의 다양성이란 수직적 관계가 아닌 수평적 입장에서 모든 가치를 인정하는 것이며 인간은 그 다양한 가치 중 어느 한 곳을 취하며 또 다른 하나를 향하는 이기적 존재에 불과하다고 보았다. 인간의 심성은 덕을 향해 가는 것이 아니라 '하나의 욕망에서 다른 하나의 욕망을 향해 가는'(From One Ambition to Another) 단순한 동물적인 것에 불과하다고 본 것이다.[3] 이것은 바로 인간은 욕망을 향한 자유적 입장에 놓여 있으며, 결국은 다른 사람들을 지배하려는 욕망으로의 운동 자체가 인간

---

3) Niccolo Machiavelli, *The Prince and the Discourses* (Random House Inc., 1950), 231~233쪽.

의 기본적인 심성임을 시사하는 것이라고 할 수 있다.

마키아벨리에 따르면 인간의 욕망은 이성으로 조정할 수 없는 것으로, 욕망의 중용(Mediation)적 입장은 오직 외부의 제한(External Limits)을 통해서만 가능하다. 따라서 플라이셔(Martin Fleisher)의 지적대로 마키아벨리의 인성론에는 플라톤적인 심리 상태(Platonic Psyche)란 존재하지 않는다.4) 플라톤이 이야기한 정신(Soul)은 이성(Reason)에 의존하지 않기 때문에 우주 질서나 어떤 불변의 원리 속에 있는 것이 아니라 스스로의 욕망(Desire)에 의해서 지배받을 뿐이다.

철학의 전반적인 부분을 놓고 볼 때, 비록 욕망을 중시했다고는 하지만 마키아벨리를 근대 철학의 선구자로 보는 데는 물론 이의가 있을 수 있다. 왜냐하면 철학적 방법론에 대해서까지 논하게 될 경우 고대 철학의 추상적 목적론과 근대 철학의 실제적·기술적 접근론을 제시할 수 있는데, 이러한 방법론적 입장에서 보면 마키아벨리는 분명 데카르트(Descartes, 1596~1650)적인 정교하고 분명한 경험적 지식을 이용한 방법을 결여하고 있기 때문이다. 그러므로 마키아벨리를 완전한 근대 철학의 시조로 보는 데는 무리가 따르는 것이다. 그러나 인간성 문제만을 놓고 볼 때 그는 분명히 고대 철학의 덕(Virtue) 강조 경향을 비판했던 최초의 근대철학자였다.

이와 같은 마키아벨리의 인간성 이해는 이후 영국의 토마스 홉스(Thomas Hobbes, 1588~1679)에 의해 보다 정교하게 계승된다. 홉스야말로 근대 철학이 가져야 할 경험적 지식을 근간으로 하는 소위 과학적 접근법까지 활용했다는 점에서 진정한 근대 철학의 시조라 할 수 있

---

4) Martin Fleisher, "A Passion for Politics", *Machiavelli and The Nature of Political Thought* (A Theneum, 1972), 119쪽.

다. 그는 과학적 접근법을 사용하여 인간의 모든 사고의 근원은 플라톤이 말한 이데아(Ideai)가 아니라 감각(Sense)일 뿐이며 인간 행동을 지배하는 것은 목적이 아닌 원인(Cause)이라는 이론을 도출해 낸다. 이때 원인이란 동물적 속성을 가진 인간의 심리적 메커니즘(Psychological Mechanism of the Human Animal)이라고 할 수 있다.5) 실제로 홉스에 있어서 이성(Reason)이란 계산(Reckoning)에 불과하다.6) 때문에 인간 행동을 이해하기 위해서 가장 중요한 것은 욕망에 근거한 심리적 동기를 찾는 일일 것이다.

그러면 인간성에 있어서 제일 근본적인 심리적 동기는 무엇인가? 홉스는 주저 없이 폭력적 죽음의 공포(Fear of Violent Death)로부터 벗어나기 위한 자기보존(Self-Preservation)이라고 말한다.7) 원초적인 자연 상태(State of Nature)에서는 아무런 도덕률도 존재하지 않으며, 그렇기 때문에 자연 상태에서는 선과 악이 따로 존재하지 않는다.8) 결국 자연 상태 하에서 모든 사람은 모든 것을 취할 수 있는 공평한 권리와 평등한 자유를 가질 수밖에 없다.

그런데 왜 문명이 생겼는가? 홉스에 따르면, 이러한 자연 상태 속에서 만인이 만인을 죽일 수도 있다는 공포감을 없애고 심리적 근본 동기인 자기보존을 실행하기 위해서 문명 사회를 만들게 되었다고 말한다. 그의 자연법(Law of Nature) 사상은 바로 이러한 인간성 이해에 바탕을 두고 있다.9) 또한 홉스는 이성(Reason)보다는 형벌(Punishment)이

---

5) George Sabine, *A History of Political Theory* (Holt, Rinehart and Winston, 1961), 140쪽.
6) Thomas Hobbes, *Leviathan* (ed. Michael Oakeshott, Macmillan Publishing Co., 1962), 41쪽.
7) Laurence Berns, "Thomas Hobbes", *History of Political Philosophy* (eds. Leo Strauss & Joseph Cropsey, Rauel McNally College Publishing Co., 1972), 373쪽.
8) Hobbes, *Leviathan*, 48~49쪽.
9) 같은 책, Chapter 14 참조.

인간 행동을 규정하는 가장 큰 힘이며, 이성이나 양심(Conscience)은 인간으로 하여금 자연법(Natural Laws)을 따르게 하는 힘이 되지는 못한다고 말한다.[10] 이것이 바로 홉스의 자연법 사상이 인간의 권위(Authority of Men)에 근거한 '보이는 힘'(Visible Power)을 요구하고 있는 이유이다. 이 말은, 인간에게는 이성이나 양심이 작동하지 않기 때문에 종교를 통한 바른 행동의 계도도 실제로 보여지는 힘이 아닌, 볼 수 없는 (Invisible) 힘에 불과하며, 오직 눈으로 확인할 수 있는 실제적 힘만이 인간 행동을 규제할 수 있다는 의미이다. 한마디로 인간의 본성은 합리적이지 못하므로 반사회적(Anti-Social)일 수 있으며, 때문에 문명 사회의 질서를 위해서는, 혹은 개인과 사회의 조화를 위해서는 불가피하게 '보이는 힘'(Visible Power)이 필요하다는 것이다.

홉스의 인간성 이해를 다시 요약하면, 그는 인간의 행동을 인간의 목적에 근거하여 설명하지 않고 심리적 정서의 입장에서 분석하였기에 자연 상태(State of Nature)에서는 선과 악이 존재하지 않는다고 보았다. 그리고 급기야는 인간의 본성과 금수의 본성(Nature of Brutes) 사이에는 아무런 차이가 없다고 밝히고 있다.[11] 인간과 동물의 차이란 오직 정도의 차이일 뿐 본질적 차이는 아니라고 보았으니, 이 얼마나 고대 철학의 덕(Virtue) 강조 경향을 비판한 꼴인가!

실제로 그의 평등과 자유 정신은 자연 상태에서는 모든 사람이 모든 사람을 죽일 수 있다는 점에서 평등하고 자유롭다는 것이다. 그런즉 자연 상태야말로 저 유명한 '만인의, 만인에 대한 투쟁'(Everyone Against Everyone)[12]이 되는 것이다. 그럼에도 불구하고 인간의 가장 근본

---

10) Laurence Berns, "Thomas Hobbes", *History of Political Philosophy*, 378쪽.
11) Hobbes, *Leviathan*, Chapter 4 참조.

적인 심리적 동기는 자기보존이니 이것이 곧 문명 사회를 만든 또다
른 이유가 된다.

이 점에 관해 사족을 하나 더 달자면, 여태까지 우리는 민주주의
의 근간이 인간의 합리성을 강조한 존 로크(John Locke)나 존 스튜어트
밀(John Stuart Mill)의 철학에 있는 것으로 이해해 왔으나 요즘은 홉스의
'만인의 만인에 대한 투쟁'으로 보는 설이 더 유력하다. 번스(Laurence
Berns) 같은 학자는 홉스를 '근대 자유주의의 아버지'라고까지 부른
다.[13] 이는 바로 자유주의의 준법 정신이 홉스의 '보이는 힘'에 근거
하고 있기 때문이다.

그러면 근대철학자들은 오로지 이성을 부정하고 감성만을 강조
했는가? 물론 그렇지는 않다. 근대 철학의 주류적 입장을 견지한 루소
(Jean Jacques Rousseau, 1712~1778), 칸트(Immanuel Kant, 1724~1804), 헤겔(G.
W. F. Hegel, 1770~1831) 등은 어떤 면에서는 오히려 마키아벨리나 홉스
의 견해에 반기를 들고 다시 고전 철학의 의미를 되새기려 했다고도
할 수 있다. 잘 알려진 바와 같이 루소는(비록 감성을 인정하기는 했지만)
홉스와는 달리 '원초적 자연 상태'를 완전한(Perfect) 것이라고 표현하
였고, 칸트는 순수이성(Pure Reason)을 강조하였으며, 헤겔은 개인과 사
회의 조화를 이야기하였다.

그러나 이들 모두는 방법론에 있어서는 고대 철학의 사변적 입장
을 벗어났다고 할 수 있다. 구체적으로 루소는 홉스와 같이 문명 사회
의 근원을 자기보존을 위한 권리로 해석하였고, 칸트는 순수이성에
맞서는 '실천이성'이란 용어로 경험적 세계를 논하였으며, 헤겔의 조

---

12) 같은 책, 99~100쪽.
13) Laurence Berns, "Thomas Hobbes", *History of Political Philosophy*, 396~420쪽 참조.

화는 고대철학적 의미의 이데아를 향한 자발적 조화가 아닌 마키아벨리의 갈등에 근거한 자유 정신의 실현을 위한 변증법이었다. 이러한 해석은 세계적인 석학 레오 슈트라우스(Leo Strauss)가 『정치철학이란 무엇인가』(*What is Political Philosophy*)라는 책에서 언급한 것으로, 슈트라우스는 이러한 움직임을 '근대의 제2의 물결'(The Second Wave of Modernity)이라고 말하고 있다. 이 말은 바로 마키아벨리와 홉스가 '근대의 제1의 물결'임을 전제로 한 것임은 두말할 나위 없다.

그런데 칸트와 헤겔에 의해 주도되었던 18세기 독일의 이상주의(Idealism)는 하나의 커다란 도전에 직면하게 된다. 그 도전은 외부가 아닌 내부에서 일어났는데, 바로 니체(Friedrich Nietzsche, 1844~1900)가 그 장본인이었다. 이러한 니체의 출현을 슈트라우스는 '근대의 제3의 물결'(The Third Wave of Modernity)이라고 규정하고 있다.

헤겔의 제자이면서도 엉뚱하게 다시 홉스로 돌아가 버린 니체는, 어떤 면에서는 독일 이상주의의 사생아인지도 모른다. 니체는 홉스처럼 이성을 부정하면서 인간 행동의 기본 동기를 감성(Desire)에 둔다. 인간 행동의 근원은 고대 철학에서 주장하는 '목적'이 아니라 단순한 '감성'(Desire)이라고 하면서, 그는 어느 누구보다도 강하게 플라톤이나 아리스토텔레스적인 인간성 이해를 비판하고 나선다. 그는 분명하게 말한다. "이 세상에는 영원한 무엇은 존재하지 않으며 영원한 진리도 존재하지 않는다. 오직 변화만이 있을 뿐이다."[14]

홉스의 경우와 마찬가지로 니체에게서는 불변의 '도덕적 현상'(Moral Phenomena)이란 존재할 수 없으며, 오직 현상(Phenomena)에 대한 도덕적 해석만이 존재할 뿐이다. 니체는 그의 『권력에로의 의지』(*Will to*

---

14) Werner Dannhauser, "Friedrich Nietzsche", *History of Political Philosophy*, 785쪽.

Power, 특히 214쪽)에서, 모든 도덕적 판단은 현상에 대한 해석에 근거한 '정서의 신호적 언어'(A Sign Language of Affects)일 뿐이라고 밝히고 있다. 그렇다면 옳고 그름의 마지막 판단도 존재할 수 없으며, 인간의 행동에 선과 악이 본래적으로(고정적으로) 존재하는 것도 아니다. 따라서 그는 선과 악에 대한, 혹은 옳고 그름에 대한 마지막 판단은 오직 나의 판단(My Judgement Is My Judgement)일 뿐이라고 외친다.15) 이 말은 나의 선이 남의 악이 될 수도 있고 남의 선이 나의 악이 될 수도 있음을 의미하는 것으로, 플라톤이나 아리스토텔레스가 들으면 기절할 소리라고 하겠다.

또 한 가지 니체가 발견한 중요한 심리적 상태가 있으니, 그것은 바로 무의식(The Unconscious)이다. 흔히 무의식은 프로이트(Sigmund Freud, 1856~1939)가 먼저 말한 것이라고 생각하는데 실은 니체도 그런 말을 했던 것이다. 다만 공교롭게도 두 사람이 동시대의 인물들이었음에도 불구하고 전혀 교류의 흔적을 찾아볼 수 없으니 답답할 지경이다. 아무튼 니체의 또 다른 업적을 말한다면, 비록 프로이트처럼 정교하지는 못했지만 그 또한 본능과 무의식을 논했다는 사실이다.

니체에게 있어서 인간 심성 자체는 자아(Ego)라는 말로 표현된다. 그 자아의 본질적 욕구(Desire)는 '권력에로의 의지'(Will to Power)이고 이성(Reason)이나 의식(Consciousness)은 단순한 현상의 표피일 뿐이다.16) 따라서 니체는 육체(Body)와 정신(Soul)으로 인간의 마음을 양분한 고대 철학의 이중적(Dualism) 이해를 거부한다. 니체에게 있어서 육체(Body)는 그 자체가 바로 자아(Ego, or Self)이며, 이성은 인간성 내에서 아무런

---

15) Nietzsche, *Beyond Good and Evil* (trans. Walter Kaufmann, Vintage Books, 1966), 53쪽.

16) Werner Danhauser, "Friedrich Nietzsche", *History of Political Philosophy*, 797쪽.

작동을 하지 못하는 것이다.

이와 같이 니체는 홉스와 매우 흡사한 주장을 한다. 그러나 자세히 살피면 이 둘 사이에도 약간의 차이가 있다. 이 차이는 인간성 이해에 매우 중요한 요소이기 때문에 분명하게 밝힐 필요가 있다.

앞서 언급했듯이 홉스도 이성을 인정하지 않는다. 그에게 이성은 인간 본성의 근원인 자기보존(Self-Preservation)을 위한 계산(Reckoning)이다. 이것이 바로 자연 상태(State of Nature)의 위험으로부터 평화와 안전을 위한 문명 사회를 이루는 근간이 되는 것이다. 그렇다면 인간은, 어쩔 수 없이 선택한 문명 사회를 통한 자기보존에 만족할 수 있는가? 홉스가 이에 대해 아무런 답변을 남기지 않은 이상 그의 주장은 자기보존 그 자체로 본질적 욕구가 해소되는 것으로 이해될 수밖에 없다.

그러나 여기에 대해 니체는 날카로운 지적을 가한다. 그것은 자기보존을 위해 설립된 문명 사회의 '보이는 힘'(Visible Power)이 우리에게 또다른 고통을 줄 수 있다는 점이다. 즉 니체는 홉스가 고려치 않은, 보이는 힘에 의해 억압받는 욕망(Repressed Desire)을 지적하고 있는 것이다. 이러한 지적은 바로 이 억압받는 욕망이 인간의 마음에 스며들어 하나의 무의식을 형성할 수 있다는 의미를 암시하고 있다.

따라서 니체는 모든 인간에게 있어서 자기보존(Self-Preservation)보다 더 중요한 것은 바로 자기실현(Self-Realization)이라고 보았으며, 이 때문에 자유 정신(Free Spirit)의 실현을 특히 강조하였다.[17] 이러한 주장을 뒤집어 살펴보면, 소위 공공질서를 위한 덕(Virtue)이라는 것은 희생된 자아(Dedicated Self)를 수반하지 않을 수 없기에 어떤 면으로는 악으로도 변할 수 있는 위험한 것이다.[18] 그렇기 때문에 니체는 헤겔의 합리적

---

17) Huntington Wright, *What Nietzsche Taught* (B. W. Huebsche, 1917), 178쪽.

인 역사적 진보의 변증법에 신랄한 비판을 가한다. 그는 역사를 통하여 덕의 이름 아래 소수의 목적을 위해 희생된 수많은 개인들을 안타까워한다. 그리하여 역사는 암흑과 광기, 부정의 소굴이며, 행복이란 현재의 논리에 완전히 항복하거나 고통을 잊어버림으로써 도달할 수 있는 것이라는 엄청난 말까지 던지게 된다.19)

2. 근대의 물결의 완성 ― 프로이트

잠깐 숨을 고르고 여기서 한 가지 질문을 던져 본다. 기대승과 프로이트의 이론을 비교한다더니 서양 철학에 대한 사설이 왜 이리도 긴가? 우리가 알기로 프로이트는 심리학자인데 왜 이 어려운 철학적 논의에 프로이트를 끼워 넣으려 애쓰는가?

인간성에 대한 논의가 없는 철학은 결코 인간의 문제를 진정으로 해결할 수 있는 철학이 될 수 없다. 철학에 인간성 논의가 없다면 그것은 이미 철학이 아니다. 그러나 불행하게도 서양 철학은 존재론에서 시작하여 인간 인식에 대한 문제인 인식론적 입장에 더 많은 지면을 할애했기 때문에 인간성 문제에 관한 논의가 상대적으로 소홀하게 되었다. 따라서 필자는 서양 철학에 있어서 인간성 이해에 가장 많은 지면을 할애한 프로이트야말로 철학적 논의에서 결코 빠뜨려서는 안 될 확실한 철학자임을 강조하고자 한다.

우리는 프로이트의 처음 출발이 의사로서 시작되었기에 그의 주

---

18) Nietzsche, *Will to Power* ; *The Complete Works of Friedrich Nietzsche*, Vol. 14 (trans. Anthony M. Ludovici, Russel & Russel Inc., 1964), 261쪽.

19) Werner Dannhauser, "Friedrich Nietzsche", *History of Political Philosophy*, 783쪽.

장을 철학의 주류에 포함시키지 않는 경향이 있다. 또한 그가 개척한 심리 현상의 연구는 근대 사회에 와서 심리학이라는 새로운 학문 영역을 구성하였기에 자연히 철학의 논의와는 별개로 이해되어 왔다. 그러나 프로이트의 심리학은 말기에 정신분석학(Psychoanalysis)을 형성하게 되었으니, 설령 프로이트의 초기 논의가 생물학적 접근에 근거한 정서적 반응과 같은, 진정한 철학이 아닌 심리학적 요소가 있다고 백 번 양보한다 하더라도 무의식의 연구를 전제로 한 정신분석학이야말로 당당하게 철학의 한 범주를 차지한다고 볼 수 있다. 한마디로 프로이트는 슈트라우스가 주장한 '근대의 제3의 물결'을 완성한 자라고까지 말할 수 있는 것이다.

이러한 심리 연구를 서양 철학의 입장에서 이해하기 위해서는 분명 고대 철학에서부터 근대 철학에 이르기까지의 인간성 연구의 핵심을 짚어 봐야 할 것이다. 필자는 이러한 논의를 통해 서양 철학에서의 프로이트의 위상을 밝혀 내는 작업이 가능하리라고 생각한다. 그렇기 때문에 자칫 지루해질 수도 있는 설명을 지금까지 해 본 것이다.

그러면 프로이트는 인간성을 어떻게 이해하고 있는가? 우선 프로이트는 마키아벨리와 홉스, 니체로 이어지는 근대 철학의 감성 강조에 적극적으로 동의하여 고대 철학에 나타나는 이데아(Ideai)나 원형(Form)의 개념을 부정한다. 한마디로 프로이트에게 있어서 감성 그 자체는 인간 행위의 모든 원인을 제공하는 근본 요소가 된다고 할 수 있다. 그렇다면 이 감성의 생성과 그 표현은 어떻게 되어 가는 것인가? 앞서 지적한 바와 같이 니체는 문명 사회의 질서를 위하여 억압받는 개인의 감성은 자기보존이라는 목적의 달성으로도 결코 상쇄되지 않고 남아서, 우리의 가슴 맨 밑바닥에 자리함으로써 우리 자신이 인식하지 못하는 하나의 무의식을 형성한다고 하였다. 이것이 바로 1900년을 전후한 시기에 프로이트의 연구를 통해 구체성을 갖기 시작한, 정신분석학의 기본 주제인 '무의식'이다.

프로이트에 따르면 인간이 의식하는 부분은 자신의 감성 표현의 10분의 1밖에 되지 않으며 나머지 10분의 9는 마음의 맨 밑바닥에 자리한 무의식(The Unconscious)이 차지하고 있다고 한다. 그런데 여기에 약간의 설명이 필요하다. 영어의 'The Unconscious'를 처음에 누가 '무의식無意識'이라고 번역했는지 모르겠지만, 무의식이란 '의식이 없다'는 뜻이다. 'The Unconscious'는 차라리 '비의식非意識'이라고 옮기는 것이 더 정확한 표현일 것이다. 'Un'은 접두어로 부정을 표시하는데, 존재 여부에 대한 부정의 접두사로는 'Non'이라는 것이 있기 때문이다. '비의식'이라고 하면 의식하지 못하는 것이니, 의식은 의식이되 의식하지 못하는 의식, 그것이 바로 'The Unconscious'이다. 그래서 어떤 학자들은 무의식 대신 '잠재의식'(The Subconscious)이란 용어를 쓰기도 하는데, 이는 서양에서도 실제로 'Un'과 'Non'이 명확하게 구별되어 쓰이지 않기 때문이라고도 할 수 있다. 참고로 영어에 'Unconsciousness'라는 명사가 있는데 이는 죽음과 같은 '의식이 없는 상태'를 의미한다.

무의식(혹은 잠재의식)이란 마음의 맨 밑바닥에 자리하고 있다가 불현듯 힐끗힐끗 나타나서 우리의 행동에 영향을 미치는 것인데, 이러한 무의식의 존재를 인간 마음의 근본 구조로 파악하는 것이 바로 프로이트의 인간성 연구의 출발점이 된다고 해도 과언은 아니다. 사실 그 이전의 모든 철학자들은 의식하는 부분만이 인간성 이해의 전부라고 보았지, 의식하지 못하는 그 어떤 것이 인간의 마음에 내재하고 있다고 보지는 않았다. 따라서 프로이트의 무의식 연구는 그야말로 획기적인 발상의 전환이라고 할 수 있을 것이다. 이러한 그의 연구 태도는 분명히 생물학적 입장에서의 과학적 태도가 아닌, 하나의 해석학적 요소를 다분히 갖고 있다고 볼 수 있다. 프로이트의 정신분석학은 분명히 정신 치료를 목적으로 하는 과학일 뿐만 아니라 인간의 심적 양태를 해석하는 해석학적 과학(Hermeneutical Science)이며 또한 의미론(Theory of Meaning)일 수도 있는 것이다.[20]

그러면 무의식, 즉 문명 속에서 억압받은 감성의 덩어리는 어떤 작용을 하는가? 프로이트는 1895년 그의 동료 브로이어(Josef Breuer)와 함께 연구한 『히스테리에 관한 연구』(Studies on Hysteria)[21]에서, 무의식 속에 있는 인간의 감성은 자아에 대한 자극 혹은 긴장을 없애고 완전한 제로로 돌아가려 하는 특성이 있다고 말한다. 이 말은, 인간은 행복을 추구하고 고통을 줄이려 하는 경향이 있기 때문에 일단 자기 마음에 어떤 자극(긴장)이 오면 그것을 없애고자 하는 경향이 있다는 뜻으로, 우리는 이것을 이름하여 '안정 원리'(Constancy Principle)라고 부른다.

그렇다면 히스테리나 다른 심적 질환은 왜 생겨나는가? 그것은 바로 긴장이 100% 해소되지 않기 때문에 생겨나는 것으로, 이는 프로이트가 초기에 히스테리 환자 치료를 통해 얻어낸 결론이다. 프로이트에 따르면 무의식에서 싹튼 모든 감성은 긴장을 완화시키기 위하여 생겨난 하나의 방어적 성격을 갖게 된다는 것이다. 쉬운 말로 설명하면, 화를 내거나(Angry) 복수심을 갖거나(Vengeful) 흥분하거나(Excited) 하

---

20) Jay Greenberg & Stephen Mitchell, *Object Relations and Psychoanalytic Theory* (Harvard University Press, 1983), 22~23쪽.

21) *Studies on Hysteria*는 Freud의 *Standard Edition* (이하 S. E.; The Hogarth Press), Vol. 2에 실려 있다. S. E.는 1953년에서 1974년 사이에 걸쳐 24권으로 간행되었다.

는 모든 감성 표현들은 바로 자기 마음에 가해진 긴장 혹은 자극을 해소하기 위한 방어적 성격을 지닌다는 뜻이다. 이것을 전문 용어로 표현한다면 '해소적 정서'(Affects for Discharge)라고 말할 수 있다.

한편 프로이트는 1900년에 발표된 그의 『꿈의 해석』(The Interpretation of Dream)[22]이란 저서에서 꿈이란 것도 알고 보면 마음의 긴장을 해소하기 위한 감성의 한 표현이라고 설명하고 있다. 프로이트에 따르면 꿈에는 긴장에 대한 방어적 의미뿐만 아니라 한번 느낀 기쁨을 다시 찾아보려는 소망의 의미까지 동시에 내포되어 있다고 하는데, 이것을 학자들은 프로이트의 '소망 이론'(Wish Model)이라고 설명하기도 한다. 이러한 소망(Wish)은 한번 느낀 기쁨의 상황을 다시 꿈속에서 재현하려는 감성이다. 따라서 꿈은 성적 소망, 파괴적 소망, 혹은 자신의 안정과 감성적 평화를 위한 소망들의 한 표현일 수 있다.

정신분석학자로서의 프로이트가 내놓은 초기의 이론을 '안정 원리'(Constancy Principle)나 '소망 이론'(Wish Model)으로 설명할 수 있다면, 이후 1905년대를 넘기면서 보여 준 프로이트의 이론들은 보다 구체화된 인성 파악 이론이라고 할 수 있다. 아마도 그 출발점은 1905년에 쓴 『성 이론에 대한 세 편의 에세이』(Three Essays on the Theory of Sexuality)[23] 일 것이다. 여기서 그는 구체적으로 인간의 본능에 관한 이론을 구축하기 시작하여, 본능이란 곧 '어떤 일을 위한 마음이 빚어낸 욕구' (demand made upon the mind for work)라는 주장을 펴면서 그 본질적인 것으로서 성적(Sexual)인, 그리고 자기보존적(Self-preservation)인 본능을 지적하였다.

---

22) S. E., Vol. 4 및 5에 수록.
23) S. E., Vol. 2에 수록.

프로이트는 그 중에서도 성적인 본능을 한층 근본적인 것이라고
하는데, 그는 소위 리비도(Libido)라는 용어를 사용하여 사랑 혹은 성적
본능을 강조하기에 이른다. 이러한 그의 주장은 후세에 많은 사람들
의 비판을 받기도 한다. 그것은 곧 지나치게 성적 본능에만 의존한
것이 아닌가 하는 이유에서이다. 초창기의 프로이트의 동료이자 후배
였던 아들러(Alfred Adler)도 알고 보면 그 지나친 성적 본능의 강조에
동의하지 못하여 프로이트의 곁을 떠난 사람이다.

성적 본능과 자기보존 본능을 기본으로 하는 두 개의 본능 이론은
여타 프로이트의 저작을 검토해 볼 때 1920년쯤에 수정을 가한 것으
로 보이는데, 급기야 프로이트는 1930년에 발표한『문명과 그 불만족』
(*Civilization and Its Discontents*)[24]이라는 유명한 저서에서 '사랑'(Eros)과 '죽음
혹은 파괴'(Thanatos)의 두 개 본능을 기본으로 삼게 된다. 이『문명과
그 불만족』은 단순히 한 개인의 심적 양태를 분석하는 차원을 넘어서
서 인류의 문명과 역사까지를 본능 이론으로 설명하고 있는 걸작으로
서, 1914년 출판된『토템과 터부』(*Totem and Taboo*)[25]와 쌍벽을 이루는 작
품이라 할 수 있다.

일단 여기서 본능의 문명사적 해석은 뒤로 미루고 먼저 말해야
할 것이 하나 있으니, 그것은 바로 프로이트가 1923년에 발표한「자아
와 이드」("The ego and Id")라는 논문에 관한 문제이다. 독일어로 자아는
'das Ich'이고 이드는 'das Es'인데, 'Es'란 곧 영어의 'It'으로 그리스어의
'Id'에서 유래된 것이며 바로 '그 무엇'이라는 뜻을 지니고 있다. 프로
이트는 무의식 전체를 '이드'(Id)로 표현했던 것이다. 이것은 인간의

---

24) Freud, *Civilization and Its Discontents* (trans. James Strachey, W. W. Norton & Co., 1961).
25) Freud, *Totem and Taboo* (trans. James Strachey, W. W. Norton & Co., 1950).

무의식을 보다 구체적으로 설명하려는 의도에서 비롯된 것으로, 우리 자신도 알지 못하는, 혹은 인식하지 못하는 그 무엇을 '이드'(Id)로 가정하여 그 실체를 규명하고자 한 것이라고 할 수 있다. 초창기 프로이트에게 있어서 자아(Ego)란 바로 한 인간의 심적 상태를 통틀어 말한 것이니, 결국 '이드'를 내포하고 있는 것이 '자아'이며 '자아'란 '이드'의 덩어리이다. 그리고 '이드'는 바로 두 개의 본능 즉 사랑과 죽음으로 이루어져 있으며, '자아'는 두 가지 본능을 상황에 따라 나타낸다. 바꾸어 말하면 자아는 두 개의 본능으로 움직여진다고 할 수 있는데, 이 때에 '이드'와 '자아'의 구별은 없어지게 된다.

이러한 자아의 구조에 프로이트는 또다른 개념을 하나 제시한다. 그것은 바로 독일어로 'das Uber-Ich'라는 개념으로, 영어로는 'Above-I' 또는 'Superego'라고 불린다. 자아를 초월한다는 의미를 내포하고 있는 이 개념은 우리말로 '초자아'라고 번역된다. 초자아는 현실에서 자아의 행동을 현실 감각에 맞게 규제해 주는 역할을 한다.

그렇다고 보면 인간의 심적 구조는 '이드', '자아', '초자아'로 구성된다고 할 수 있다. 이 때 '자아'란 협의의 뜻으로 해석되어 본능대로 움직이려는 구조가 되고, '초자아'란 본능대로 움직이는 자아를 현실 속에서 억제시키는 역할을 하는 것으로 풀이된다. 요약하면 인간의 심성은 '이드'가 맨 밑바닥에 있고 그 위에 '자아'(Ego)와 '초자아' (Superego)가 있다는 그림으로 설명될 수 있다.

그런데 여기에 덧붙여 프로이트는 1921년 작품인 『집단 심리와 자아의 분석』(Group Psychology and the Analysis of the Ego)[26]에서 '자아이상'(Ego

---

26) Freud, *Group Psychology and the Analysis of the Ego* (trans. James Strachey, W. W. Norton & Co., 1959)

Ideal)이라는 또 하나의 개념을 내놓는다. 자아이상이란 과연 무엇인가?

프로이트를 해석하는 사람들에게 이 문제는 혼동을 불러일으키기에 충분하다. 왜냐하면 '자아이상'은 어느 때는 본능을 찾아 행동하는 자아적 요소로 표현되기도 하고 또 어떤 때는 초자아의 하위개념적 의미로 표현되기도 하기 때문이다. 우리나라에도 잘 알려진 캘빈홀(Calvin S. Hall)이란 프로이트 이론 해석가는 『프로이트 심리학의 핵심』(A Prime of Freudian Psychology)에서 초자아는 '자아이상'과 '양심'으로 이루어져 있다고 보고, 자아이상이란 부모들이 도덕적으로 좋다고 생각하는 어린아이의 무의식적 반응이요, 양심이란 부모가 도덕적으로 나쁘다고 생각하는 어린아이의 무의식적 반응이라고 설명하였다.[27] 이러한 해석으로 보면 자아이상은 초자아의 하부 개념이 된다.

그러나 홀의 이런 설명은 조금 억지스런 면이 있다. 『아버지 없는 사회』(Society without Father)를 써서 유명해진 알렉산더 미체를리히(Alexander Mitscherlich)는, 초자아란 사회적 욕구로부터 나타난 하나의 무의식적 요소이며 자아이상이란 자아의 만족을 위해 생성되는 무의식적 요소라고 해석하고 있다.[28] 미체를리히의 해석은 프랑스의 여성 정신분석학자 샤스귀에르 스미젤(Janine Chasseguert-Smirgel)에 의해 구체적으로 설명된다.[29] 그 설명에 따르면, 자아이상이란 한마디로 원초적 자아도취(Primary Narcissistic Perfection) 상태로의 회귀적 의미이며, 초자아란 오이디푸스 콤플렉스(Oedipus Complex)를 통해 형성된 현실적 요

---

27) Calvins Hall, A Prime of Freudian Psychology (The World Publishing Co., 1954).

28) Alexander Mitscherlich, Society Without Father (A Hellen Kurt Wolff Book, Harcourt, Brace & World Inc. 1975).

29) Janine Chasseguert-Smirgel, "Some Thoughts on the Ego Ideal", The Psychoanalytic Quarterly, July (1976), 347쪽 참조

구라는 것이다. 다시 말하면, 자아이상이란 어린이와 어머니의 일치를 의미하는 무의식적 요구이며, 초자아란 어린이와 그 어머니 사이의 사랑의 단절을 요구하는 현실적 요구인 것이다. 이렇게 설명하고 나면 초자아는 현실의 원리(Reality Principle)를 따르려는 무의식적 욕망이 되고, 자아이상은 기쁨의 원리(Pleasure Principle)를 따르려는 무의식적 욕망이 된다.

이러한 설명은 자아이상을 초자아의 대칭 개념으로 이해하고 있는 것이다. 초자아와 자아이상의 관계를 자세히 설명하려면 너무나 장황하여 책이 몇 권은 더 써져야 할 터인데, 그렇더라도 일단 쉽게, 그리고 간결하게 한번 짚어 보고 넘어가야 할 필요가 있다. 왜냐하면 이 문제를 분명히 해야 프로이트의 심리 구조 설명이 명확해지고, 그것을 다른 이론들과 비교할 수 있게 되기 때문이다.

프로이트에게 있어서 '기쁨의 원리'는, 인간에게는 한번 추구한 기쁨을 다시 찾으려는 욕구가 있다는, 앞서 지적한 '소망 이론'과 연결되는 원리로서 본능이 향하는 방향을 설명한 것이다. 크게 기쁨을 확대시키고자 하고 슬픔을 축소시키고자 하는 방향에서 보면, 자아이상은 분명 기쁨을 확대시키고자 하는, 그래서 긴장을 제로로 만들고자 하는 '안정 원리'를 추구하는 요소이다. 다른 말로 표현하면 하고 싶은 대로 하려는 무의식적 욕망, 이것이 바로 자아이상이다.

프로이트는 그의 『집단 심리와 자아의 분석』에서 자아이상은 자기도취적(Narcissistic) 요소가 있으며 완전성(Perfection)을 추구한다고 분명히 밝히고 있다. 왜 갑자기 자아도취라는 말을 인용하느냐 하면, 프로이트에 따르면 어린이가 어머니 뱃속에 있을 때는 아무런 고통도 없는 자기도취적 완전성(Primary Narcissistic Perfection)의 상태에 있기 때문이다. 이런 이유로 샤스귀에르 스미젤은 자아이상을 어머니 자궁 속으로 돌아가고 싶은 욕망으로 표현하는데, 그것은 안정 원리에 따를 때는 긴장이 없는 제로 상태로 돌아가려는 욕망을, 소망 이론에 따를 때는 한번 느낀 기쁨을 다시 추구하려는 욕망을 포함하고 있다.

이와 반대로 초자아는 태어나서 세상을 살면서 얻어지는 욕망이다. 즉 초자아는 오이디푸스 콤플렉스를 통해서 자기의 사랑의 대상이 어머니인 줄 알았던 어린아이가 결국 어머니의 사랑의 대상이 아버지라는 것을 깨달았을 때, 현실의 논리를 따라야만 한다는 슬픈 운명을 느끼면서 싹튼 것이다. 넓게 말하면 초자아란 문명의 도덕률을 따라야만 생존할 수 있다는 사실로 인해서 생기는 자기보존적 욕망이라고 할 수 있다.

결국 자아이상이 문명의 도덕률을 전혀 고려치 않은 채 오직 감성의 만족만을 향해 가는 욕망이라고 한다면, 초자아란 자아이상을 억누르고 어느 정도 현실의 도덕률을 지키고자 하는 현실적 요구이다. 따라서 필자는 초자아를 '자아억제'라는 용어로 대신하기도 한다. 다만 이 책에서만큼은 혼동을 피하기 위해 초자아라는 표현만을 사용하기로 한다.

이렇게까지 진전을 시키고 보니 이제 프로이트가 그린 인간의 심적 구조는 한층 더 명백해진다. 가령 '이드'(Id)가 무의식의 덩어리로 마음을 가득 싸고 있고 그 자체를 내포하고 있는 것이 '자아'라고 한다면, '자아'는 의식의 부분까지 포함한 더 큰 덩어리가 될 것이다. 그리고 그 자아는 다시 자아이상과 초자아(Superego)로 이루어지게 된다. 따라서 프로이트의 심리 구조는 다음과 같은 도식으로 표현될 수 있다.

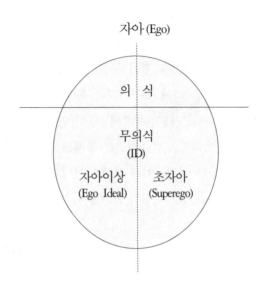

자아 (Ego)

의 식

무의식
(ID)

자아이상   초자아
(Ego Ideal)   (Superego)

이러한 구조 속에서 두 개의 본능들은 어떻게 작동되는가? 바로 자아이상과 초자아의 갈등 속에서 사랑(Eros) 혹은 죽음(Thanatos)의 본능이 나타나는데, 프로이트는 어떤 때에 사랑의 본능이, 그리고 어떤 때에 죽음의 본능이 표현되는가에 대해서는 분명하게 설명하지 못하고 있다. 그런데 그의 본능 이론에서 설명한 본능(Drive)이란 곧 무의식을 형성하는 근본적 요소로서 어떤 목적 수행을 위한 감성적 욕구의 기초적 의미이기 때문에 분명 외부의 영향도 함께 받고 있다고 할 수 있다. 본능이 하나뿐이라면 오직 하나의 본능만이 모든 행동의 기초를 이루겠지만, 두 개의 본능이 있어서 어떤 때는 사랑의 본능이, 어떤 때는 죽음의 본능이 작동된다는 것은 결국 그 작동이 바로 외부의 충격과 관계가 있다는 뜻이다. 정신분석학은 이것을 대상(Object)이라는 용어를 사용하여 설명한다.

그러나 프로이트에게 있어서 대상이란 언제나 우리 몸 속의 긴장으로부터 유래되는 본능의 소산일 뿐이다. 이 말은 외부의 대상이 본능의 방향에 영향을 주는 것이 아니라 본능이 대상의 성격을 규정짓는다는 것이다. 매우 난해한 설명이지만, 예를 들어서 한번 살펴보기로 하자. 프로이트는 1905년 『성 이론에 대한 세 편의 에세이』에서 대상(Object)이란 용어를 처음 쓰면서 일단 "성적 매력을 풍기는 사람을 성적 대상이라 부르자"라고 전제한 뒤, 동성 관계(Homosexuality)에 대한 설명에서 "성적 충동을 줘야만 성적 본능이 작동되는 것은 아니고 성적 본능이 작동됨으로써 그 성적 대상을 찾는 것"이라고 말하고 있다. 이것은 외부 영향보다 본능이 더 중요하다는 뜻으로 바로 "본능이 대상의 성격을 정한다"(the drive itself determines the nature of the object)는 이론을 설명한 것이다. 프로이트는 또 『본능과 그 변화』(Instincts and Their Vicissitudes)[30]에서는 대상을 설명하면서 "(대상은) 본능에 대하여 매우 일정치 않은 것이며 근본적으로 본능과 연결되지 않고 있다. 다만 대상은 만족을 가능케 하도록 특별히 맞추어진 결과로서 본능에 의해 선정된 것이다"라고 말하고 있다.

프로이트의 이러한 본능 강조 이론은 인간 문명의 흥망성쇠를 설명하는 용어이기도 하다. 실로 프로이트는 개인의 심리 상태에 대한 연구에만 그치지 않고 그것을 문명 해석에까지 확대시켜 적용하였는데, 앞서 언급된 『문명과 그 불만족』이 바로 그 대표작이다. 이 유명한 저술에서 프로이트는 인류 문명이란 사랑과 죽음이라는 두 개의 본능이 엮어 낸 갈등의 과정인데, 문명의 번성은 사랑의 본능의 결과요 문명의 파괴는 죽음의 본능에 기인한 것이라고 주장한다. 결국 프로이트는 외부 대상과는 별도로 인간의 내부에 죽음과 사랑을 지향하는

---

30) S. E., Vol. 14에 수록.

두 개의 근본적인 본능이 있다고 보고, 여타의 감성들은 모두 이 두 개의 본질적 본능에 귀속된다고 여긴 것이다.

하지만 앞서 살펴보았듯이 프로이트는 '이드'와 '자아', 그리고 '자아이상'과 '초자아'라는 인간 심리 구조 속에서 본능이 어떻게 작동하는지에 대해서는 자세한 설명을 결여하고 있다. 이에 대해서는 다만 자아이상의 표현 속에서도 사랑과 죽음의 두 본능이 작동하고 초자아의 표현 속에서도 사랑과 죽음의 두 본능이 작동한다고 설명할 수밖에 없으리라고 판단된다. 이것은 본능에 대한 외부의 영향을 고려하지 않음으로써 야기된 한계점이라고도 볼 수 있을 것이다.

이에 따라 프로이트의 본능 이론을 대신할 새로운 정신분석학의 길이 모색되어야 한다는 움직임이 나타나는데, 이런 흐름을 주도한 사람은 해리 설리번(Harry Stack Sullivan)이라는 정신분석학자이다. 설리번은 한마디로 프로이트는 인간의 본능을 지나치게 강조함으로써 인간 심리 현상의 외부적 영향을 소홀히 했다고 주장하면서, 외부의 조건으로서 심리 현상에 대한 문화적 영향을 강조한다. 이러한 주장이 바로 대인정신분석학(Interpersonal Psychoanalysis)이다.31) 이 이론은 자아(Self)란 단순히 본능에 의하여 형성되는 것이 아니라 다른 사람과의 관계 속에서, 혹은 외부 조건과의 관계 속에서 형성된다는 것을 증명하려는 것으로, 사회적 영향을 통한 성격 형성을 강조하는 이론이라는 뜻이다. 정신분석학에서는 외부의 영향이 자아에 미치는 관계를 '내사'(Introjection)라고 말하는데, 대인정신분석학은 바로 이 '내사'적 요인을 강조하는 이론이다.

대인정신분석학은 후에 미국의 정신분석학에 크게 영향을 미쳐

---

31) Sullivan의 'Interpersonal Psychoanalysis'에 관한 내용은 그의 저서 *The Interpersonal Theory of Psychiatry* (Norton, 1953)에 잘 설명되어 있다.

이른바 '문화 양상(Culture Pattern)에 따른 성격 분석'을 주장하는 학파를 형성하게 된다. 조금 넓게 말한다면 신프로이트 학파(Neo-Freudian School)를 형성시켰다고도 할 수 있는 것이다. 『자유로부터의 도피』(Escape from Freedom)와 『건전한 사회』(Sane Society) 등을 쓴 에리히 프롬(Erich Fromm)이나 『고독한 군중』(The Lonely Crowd)을 쓴 데이비드 리스먼(David Riesman) 등이 모두 이러한 학파에 속한다. 구체적으로 『자유로부터의 도피』라는 책의 핵심은, 자유는 인간의 본능인 것 같지만 2차대전 직전의 독일의 상황이 자유를 포기한 나치(Nazi)를 생성시킨 것처럼 인간은 환경에 따라 자유보다는 구속을 원할 수도 있다는 것이다. 또 『고독한 군중』의 핵심은 새로운 산업 사회의 기계 문명 속에서 인간은 고독할 수밖에 없다는 것이다. 이는 모두 외부의 환경이 인간의 성격 형성에 절대적 영향을 미친다는 주장들이다.[32] 이 밖에 호르크하이머(Max Horkheimer), 마르쿠제(Herberd Marcuse), 아도르노(Theodor Wiesengrund Adorno), 하버마스(Jürgen Harbermas) 등 프랑크푸르트(Frankfurt) 학파의 인물들 역시 환경의 영향을 강조하는 마르크스주의와 관련하여 인간소외 문제를 정신분석적으로 다룬 '문화적 마르크스주의자'(Cultural Marxist)로 볼 수 있기 때문에 신프로이트 학파에 속한다고 할 수 있다.

그런데 인간성 연구는 그렇게 간단한 것이 아니다. 신프로이트 학파의 해석에 따르면 인간은 환경에 절대적 영향을 받으므로 주정뱅이나 바람둥이 부모를 둔 아이들은 부모의 습성을 그대로 받아들일 확률이 높다. 그러나 우리는 부모가 아무리 주정을 하고 바람을 피워댄다 하더라도 그 자식들이 곱게 자라는 경우를 종종 발견한다. 반대

---

32) Erich Fromm, *Escape from Freedom* (Rinehart & Co., 1941) ; David Riesman, *The Lonely Crowd* (Yale University Press, 1979).

로 부모가 도덕적으로 매우 훌륭함에도 불구하고 그 아이들은 오히려 잘못된 길로 가는 경우도 있을 것이다. 이것은 바로 신프로이트 학파에서는 환경이 자아에 미치는 '내사'(Introjection)만을 강조할 뿐 본능이 환경을 향해 쏘아 대는 '투사'(Projection)의 영향을 간과하고 말았다는 사실을 입증해 준다. 그들은 프로이트의 본능 이론을 너무나 간단하게 생각하였던 것이다.

때문에 신프로이트 학파는 다른 정신분석학자들로부터 '문화주의자'(Culturalist)라는 거센 비난을 받게 된다. 만일 우리의 심리 구조가 완전히 외부 조건에 의해서만 영향을 받는다면, 이는 마르크스가 이야기한 환경결정주의(Determinism)와 다를 것이 없다. 따라서 해리 건트립(Harry Guntrip) 같은 학자는 설리번에서 유래된 대인정신분석학은 프로이트가 형성한 정신분석학의 본질적 요소를 저버렸다고 신랄하게 비판한다.[33]

이런 비판은 결과적으로 정신분석학의 또 다른 하나의 흐름을 형성시키게 된다. 영국의 여성 정신분석학자 멜라니 클라인(Melanie Klein)에 의해 주도된 '대상관계 이론'(Object-Relation Theory)이 바로 그것이다.[34] 클라인은 설리번과는 달리 본능(Drive)을 대상과 분리시키지 않고, 다만 그것을 프로이트와 다르게 재해석해 내었다. 앞서 이야기한 바와 같이 프로이트에게 대상이란 언제나 우리 몸(Body) 속의 긴장으

---

33) Harry Guntrip의 신프로이트 학파, 혹은 대인정신분석 이론에 대한 비판은 그의 저서 *Personality Structure and Human Interaction* (International University Press, 1961)에 잘 나타나 있다.(특히 354쪽 참조)

34) Melanie Klein의 주장은 "The Origin of Transference" (*Writings of Melanie Klein*, Vol. 3, The Hogarth Press, 1975, 특히 51쪽)에 실려 있으며, Fred Alford의 *Melanie Klein and Critical Social Theory* (Yale University Press, 1989, 특히 8 · 25 · 52쪽)에 그 요지가 잘 설명되어 있다.

로부터 유래되는 본능의 소산일 뿐이다. 그러나 클라인은 우리의 몸을 본능의 소산이라고 보지 않고, 본능이란 타인을 향한 우리의 감성(Emotion, Passion)이라고 파악하였다. 예를 들면 어린이의 경우, 감성적 대상으로서의 어머니가 좋게 느껴지면 어머니를 사랑하게(Love) 되고 그렇지 못하고 나쁘게 느껴지면 어머니를 미워하게(Hate) 된다. 이것은 사랑과 미움이란 본래적으로 존재하는 본능 같은 것이 아니라 대상과의 감정적 관계에서 생성되는 인간 감성의 핵심적 요소라는 것을 의미한다.

클라인에 따르면 우리가 가지고 있는 여타 감정 즉 부러움, 즐거움, 슬픔, 죄의식 등도 따지고 보면 모두 사랑과 미움의 두 가지 근본 감정에서 유래된 하위적 감성에 불과하다. 한마디로 클라인은 초기 프로이트가 제시한 사랑과 죽음이라는 두 개의 본능을, 자아형성기에 대상과의 관계에서 맺어진 사랑과 미움이라는 두 개의 감정으로 재해석했다고 볼 수 있다. 그리하여 클라인은 '내사'와 '투사'를 통해 한 인간의 감성이 형성된다고 주장하는데, 이는 곧 외부로부터 주어지는 내사적 요소와 더불어 자아가 외부를 향해 쏘는 투사적 요소가 함께 고려되어야 함을 강조한 것이다.

나아가 클라인은 자아의 내적 대상(Internal Object)이라는 개념까지 소개하고 있다. 이는 자아의 형성이 꼭 외적 대상과의 관계만이 아니라 자아 자체의 내적 요소와의 관계에서도 영향을 받는다는 것을 의미한다. 한마디로 이것은 자아의 구조를 단일형으로 보지 않고 이중 혹은 복합의 구조로 파악하는 새로운 이해라고 할 수 있다.

'대상'이란 개념을 사용함에 있어서, 프로이트나 설리번이 그것을 자아의 밖에 존재하는 영향체로만 받아들였다고 한다면 클라인은 자아 형성에 영향을 주는 내적 이미지까지도 대상의 개념에 포함시켰다. 즉 클라인은 내적 이미지를 통해 자체 내에서 희열(Phantasy)이나 염려(Anxiety) 등의 감정을 맛보게 될 수도 있음을 주장한 것이다. 이러한 내적 이미지 개념은 우리의 무의식에 영향을 주는 외부의 조건과 내적 변화의 관계를 해명할 수 있는 새로운 설명의 길을 열어 주었다고 볼 수 있다.

클라인 이후에 정신분석학은 결과적으로 프로이트의 본능 이론(Drive Theory)과 설리번의 외적 영향의 강조를 모두 뛰어넘어 자아의 외적 대상과 내적 대상 사이의 '내사'와 '투사'를 동시에 연구하는 쪽으로 그 비중을 옮기게 되었다. 이런 새로운 정신분석학의 입장을 억지로 표현하자면, 신프로이트 학파에서 다시 프로이트로 돌아오는, 그러나 꼭 그렇지만은 않다는 의미로 '신신新新 프로이트 학파'라고나 해야 할 것이다. 현대 정신분석학의 주류적 입장은 바로 그와 같은, 자아가 외부를 향해 분출하는 힘과 외부의 환경이 자아로 유입되는 힘, 그리고 그 상호 관계를 연구하는 것으로 요약될 수 있다. 철학적으로 보면 자아는 외부의 영향을 받는 동시에 새로운 외부 조건을 창조해 간다는 이중적 의미를 지닌다. 즉 자아는 결정적(Determined)이고 창조적(Creative)인 요소를 동시에 지니는 것이다.

1980년대 초 『자아도취적 문화』(Culture of Narcissism)라는 책으로 화제를 불러일으킨 크리스토퍼 래쉬(Christopher Lasch)는 대상관계 이론을 염두에 두고 "현대 정신분석학은 사회와 개인, 혹은 문화와 성격을 설명해 주는 좋은 재료를 제공해 주고 있다"[35]고 밝히고 있다. 또 『적과 동지의 필요성』(The Need to Have Enemies and Allies)을 쓴 정신의학자 바믹

---

35) Christopher Lasch, *Culture of Narcissism* (A Warner Communication Co., 1979), 76~77쪽.

볼칸(Vamik D. Volkan) 역시 정신분석학이 인간의 사회 생활을 연구하는 유용한 틀이 될 수 있음을 역설하면서 그 근거를 "집단의 내적 요구와 이에 상응하는 외부적 영향을 동시에 파악한다는 점"[36]에서 찾는다.

이처럼 프로이트가 만들어 낸 정신분석학은 이제 인간의 심리적 상황을 설명하는 하나의 독립적 학문으로 자리잡게 되었다. 그러나 정신분석학은 큰 의미에서 보면 인간성 이해라는 하나의 철학적 질문에 대한 일련의 대답을 위한 것이다. 따라서 프로이트의 정신분석학은 서양 철학에 있어서의 인간성 연구의 한 결과이며, 근대 철학의 감성 강조에서 유래한 하나의 해답이라고 할 수 있는 것이다.

다만 앞서도 잠깐 언급했듯이 프로이트의 정신분석학은 그간 개인의 정신질환의 치료를 위한 방편으로 주로 이용되어 왔기에 그 특수성이 강조되면서 보편적인 철학의 장르에서는 소외되어 왔다. 따지고 보면 1950년대 이후 세계를 휩쓴 행태주의(Behavioralism)의 영향으로 서양 철학의 뼈대가 윤리학이나 논리학으로만 좁혀진 데에도 정신분석학 소외의 원인이 있을 것이다. 이 부분은 또다른 긴 설명을 요하기 때문에 이것으로 줄일 수밖에 없지만 말이다.

최근 들어 다시 현대 서양 철학에서는 인간성 연구의 의미를 강조하는 경향이 있는데, 이것은 너무나 당연한 일이다. 인간성에 대한 기본적인 이해 없이 어떻게 인간 사회를 논한단 말인가! 따라서 필자는, 프로이트야말로 슈트라우스가 이야기한 근대 서양 철학의 제3의 물결을 완성한 철학자임을 다시금 강조하고자 한다.

---

36) Vamik D. Volkan, *The Need to Have Enemies and Allies* (Jason Aronson Inc., 1988), 10쪽.

제4장 기대승의 '칠포사론'과 프로이트의 '정신분석학'

1. 주정적 인간 이해의 실마리

이황과 기대승의 사칠 논변은 성리학의 리기론을 인간성 연구에 적용시키면서 시작된 것인데, 이황은 인의예지에 근거한 사단은 순선한 것이기에 리가 바로 발현된 것이고 희노애구애오욕의 칠정은 외물의 영향을 받아 기가 발한 것이기 때문에 선과 악이 있을 수 있다고 하였다. 이에 기대승은 그게 무슨 말씀이요 라고 반문한다. 사단 또한 칠정 중의 일부로서 다만 정이 발현할 때 그것이 절도에 맞은 것이 사단이지, 사단이 따로 있는 것은 아니라는 말이다. 결국 기대승의 인성론에서 가장 중요한 것은 한마디로 정이다. 그는 이황에게 보낸 답서에서 이것을 더욱 분명하게 밝히고 있다.

사단·칠정이 모두 마음에서 나오지 않는 것이 없고 마음은 곧 리와 기의 혼합체이니, 그렇다면 정이란 진실로 리·기를 겸한 것이지 따로 하나의 정이 리에서만 나오고 기를 겸하지 않음이 있다는 것은 아니라고 여겨집니다.[1]

이 말은 사단과 칠정이 모두 정이며, 정이란 리와 기를 겸한 것임을 재확인하는 내용이다. 칠정과 다른 별도의 사단이 있어서 기를 겸하지 않은 리만의 정으로 발출하는 것은 아니라는 말이다.

주자학의 입장에서 보면 앞서 최영찬이 지적한 것처럼 성은 리에 속하고 심은 기에 속하며, 이 심 속에는 성심聖心과 인심人心이 있다. 그런데 여기에는 하나의 애매함이 존재한다. 그것은 인의예지 자체를 성이라 하여 리에 편속시키고 다시 기의 부분에 속한 성심聖心에 인의예지의 단서인 측은지심, 수오지심, 사양지심, 시비지심을 배속시키게 되어, 논리적으로 사단은 정도 될 수 있고 성도 될 수 있으며 나아가 리도 될 수 있고 기도 될 수 있기 때문이다. 이러한 주자학적 해석을 염두에 두고 앞서 언급된 "심은 리기지합理氣之合이며 정도 본래 리기를 겸한 것"이라는 말을 풀어 보면, 심은 곧 정으로 연결되고 정으로 배속될 수 있는 사단의 심은 바로 성과 연결된 리를 포함하고 있는 것이 된다. 이을호는 앞서 인용한 기대승의 설명을 다음과 같이 해석하고 있다.

심이란 본래 리기론적으로는 리기를 겸섭兼攝한 것이요 성정적으로는 성정性情의 근원이다. 그러므로 고봉에게 있어서의 심은 그것이 성정이요 리기인 것이다.…… 그러므로 고봉은 "정이 발하는 것은, 혹 리가 동하여 기가 함께하기도 하고 혹 기가 감응하여 리가 타기도 한다"(情之發也, 或理動而氣俱, 或氣感而理乘)라고 하여 리동설理動說을 내놓은 것이니, 그 근거는 '리용理用=심용心用'이라는 공식에 있다.[2]

---

1) 「兩先生四七理氣往復書」, 『傳統과 現實』 창간호, 258쪽.
2) 이을호, 「高峯思想淵源小考」, 『高峯學論叢』, 66쪽.

물론 이와 같은 설명에 하자는 없다. 당연히 심 자체가 리와 기를 내포하고 있다고 보는 데는 이의가 있을 수 없기 때문이다. 또한 사단의 경우 '리가 동하여 기가 함께한다'(理動氣俱)고 한 것은 분명히 '리정기동理靜氣動'이라는 주자학적 전통을 물리치고 리가 움직일 수 있음을 인정한 것이라 할 수 있지만, 이 역시 어디까지나 사단 또한 정이라는 전제 아래서 가능하다. 그렇기에 기대승을 가리켜 주기론의 물꼬를 텄다고 할 수 있는 것이다.

그런데 심과 정이 같은 뜻으로 풀이될 수 있다는 점에서 심과 성과 정이라는 세 개의 개념에 대해 약간의 색다른 해석을 첨가할 수도 있다. 심이 리기를 겸했다는 논리를 떠올리면서 심에 대한 기대승의 설명을 다시 한번 들어보자.

> 하늘과 인간은 한 이치요 한 기운입니다. 사람의 마음에는 리와 기가 함께 갖추어져 있으니, 리가 기를 타고 움직임에 따라 칠정이 나옵니다. 한 마음의 은미한 곳에서 움직여 천지의 사이에 참여되니, 선과 악은 종류에 따라 응합니다.[3]

이 말은, 심은 리와 기로 되어 있으며 리가 기를 타고 움직임으로써 칠정이 나온다는 뜻이다. 따라서 정 그 자체는 바로 리와 기의 작동에서 나오는 심의 근본 작용의 결과라고도 볼 수 있는 것이다. 이러한 해석 속에서 우리는 심은 그 형상을 말하고 정은 심의 작용을 말하는 것일 뿐 심과 정 사이에 근본적인 차이는 없는 것이 아닌가 하는 생각을 갖게 된다. 그렇다면 기대승에게 있어서 성性이란

---

3) 「周宣遇旱論」(주 선왕이 가뭄을 만났을 때의 행위에 대한 논),『국역 고봉집』I, 228쪽.

무엇인가? 기대승은 그의 「이심법설移心法說」에서 다음과 같이 말하고 있다.

마음이란 몸의 주가 되고 사물에 명령하는 것이다. 속에 쌓여 있을 때에는 성이 되고, 발하면 정이 된다.[4)]

이 말은 어떻게 해석될 수 있는가? 마음이 발로하기 이전 크게 온축되어 있는 상태, 그것이 바로 성이고, 그 온축된 성이 발로하면 정이 된다는 말 아닌가? 이것은 곧 성과 정이란 그 상태의 차이를 구별하여 일컫는 개념일 뿐 그 본질은 같다는 뜻으로 해석할 수 있다.

기대승은 이황과의 「사칠리기왕복서」에서, 『주자어류』에 실려 있는 맹자의 "만약 측은해서는 안 될 때 측은해 하거나 수오해서는 안 될 때 수오한다면 절도에 맞지 않는 것이다"라는 말을 인용하면서 사단 역시 순선이 아닐 수도 있음을 지적한다. 특히 그는 물 속에 비친 달빛을 예로 들면서 "칠정에 밝고 어두움이 있는 것은 진실로 물의 청탁 때문이고, 절도에 맞지 않는 사단은 그 빛은 비록 밝지만 물결의 움직임을 면하지 못한 것입니다"라고 말한다. 이런 주장은 주자학의 전통에서 순선이라고 이야기해 온 사단 역시 그 속에 선과 악이 존재할 수 있다는 뜻이니 정의 또다른 표현이 성일 수밖에 없다. 단, 분명히 해야 할 것은 미발 상태의 심을 성이라 하고 이미 발한 심을 정이라 할 때 기대승의 뜻에 어긋나지 않을 것이라는 점이다.

이러한 필자의 해석을 뒷받침하기 위해서는 기대승이 보낸 이황에 대한 반론을 다시 한번 인용할 필요가 있다.

---

4) 「移心法說」(심법을 옮기는 데 대한 설), 『국역 고봉집』 II, 207쪽.

또 "사단은 리가 발하여 기가 따르고, 칠정은 기가 발하여 리가 탄다"는 두 글귀는 매우 정밀하지만, 이 두 구절의 뜻이 칠정은 리기를 겸유兼有하고 사단은 리발理發 한쪽만을 가진 것이 될 뿐으로 여겨집니다. 그러므로 이 두 글귀를 "정이 발할 때 혹 리가 움직여 기가 함께하기도 하고 혹 기가 감응하여 리가 타기도 한다"로 고치고 싶은데, 이처럼 말을 만드는 것이 또 선생의 생각에는 어떤지 모르겠습니다.[5]

여기서는 리만을 주로 한 성의 존재는 무시되고 있다. 결국 기대승에게 있어서 마음(心)이란 바로 리와 기가 함께 있는 정의 작용인 것이다. 이러한 기대승의 이론은 앞서 살펴보았듯이 근 200년이 지난 후 임성주에 의하여 잘 표현되고 있다. 임성주는 심 자체는 바로 기의 영묘함이요 성은 기의 덕에 불과하므로 심과 성은 하나라고까지 말했다. 이 때 임성주는 구체적으로 정에 대한 설명을 하고 있지는 않지만 정 그 자체가 바로 심인 것은 두말할 필요가 없다. 기대승이 미발 상태의 심을 성이라 하여 그 자체는 선이라고 말한 점을 상기하면 임성주의 해석은 분명 그것을 뛰어넘은 것이 분명하다. 그러나 기대승의 이론 자체가 정 중심적 분석으로서 이 정 속에 리기가 병존한다고 했으니, 임성주에게 와서 위와 같은 해석이 나오는 것도 당연한 귀결이라고 할 수 있지 않겠는가!

기대승의 마음 분석을 정 중심적 분석이라고 한다면 그것은 프로이트와 다를 것이 없다. 프로이트는 앞서 언급한 바와 같이 인간의 마음을 정적情的 교감의 원리를 찾아 규명하려 한 사람이기 때문이다. 그는 이전의 마키아벨리나 홉스, 니체 등과 같이 감성 그 자체가 바로

마음(心)의 근본을 이루는 것일 뿐이라고 하면서 고대 철학에서 강조하는 이성의 힘을 인정하지 않는 학자였다.

프로이트의 본능 이론 중 사랑과 죽음의 본능은 분명히 정(Passion)이다. 프로이트는 인간의 모든 '정'(정서)의 마지막 축약점을 사랑과 죽음이라는 두 개의 감성으로 표현하였으며, 이 두 개의 감성은 인간이면 누구나 본질적으로 갖고 있는 요소라고 했다. 이를 주자학적으로, 특히 기대승 식으로 해석해 보면 프로이트의 본능은 정情과 다를 바 없는 것으로, 이 두 개의 본능이 외부 조건과 결합하여 수많은 하위 정서로 분출되는 것이다. 그렇다면 이 프로이트의 두 개의 본능은 기대승의 칠정을 축약해 놓은 것이라고도 볼 수 있다.

주자학에서 거론되는 칠정은 『예기禮記』「예운禮運」편에서 나온 것으로, 따지고 보면 『중용中庸』의 희노애락喜怒哀樂이 더 세분된 것에 불과하다. 그런데 그것은 긍정적 의미와 부정적 의미의 두 요소로 대별될 수 있다. 다시 말하면, 희喜와 락樂은 긍정적 의미요 노怒와 애哀는 부정적 의미이다. 희노애구애오욕喜怒哀懼愛惡欲의 칠정 역시 마찬가지이다. 희喜와 애愛는 긍정적 의미이며, 노怒·애哀·구懼·오惡·욕欲의 다섯 가지는 부정적인 면이 보다 많이 있는 것이다. 결국 인간의 정을 몇 개로 나누든 그것이 중요한 것은 아니라는 입장이 조선 성리학의 한 흐름이라고 볼 수 있다.

곽종석郭種錫(1846~1919, 호는 俛宇) 같은 학자는 칠정七情 대신 십정十情을 제시하기도 하는데, 이는 『예기』「예운」편의 희노애구애오욕의 칠정에다, 『대학』「전傳」 7장의 분치忿懥, 공구恐懼·호락好樂·우환憂患 중 칠정과 중복되지 않는 세 가지를 더하여 애愛·희喜·락樂·우憂·애哀·오惡·노怒·분忿·욕欲·구懼의 10가지로 만든 것이다.[6] 물론 그는 인의예지仁義禮智의 단서가 되는 사단에는 아무것도 추가하지 않았다. 그런데 칠정이 십정이 되었다 하더라도 인간이 선과 악의 두 가지 의미를 버리지 않는 한, 혹은 좋고 나쁨이라는 두 가지 감정적 요소를 근본으로 하는 한 그것은 긍정적인 면과 부정적인 면의 두 가지 요소로 대별될 수밖에 없다. 결국 그것들은 프로이트의 사랑과 죽음(혹은 파괴)의 본능으로 다 설명될 수 있는 것이다.

앞서 언급한 바와 같이 프로이트의 두 개의 근본 감정은 감성인 동시에, 즉 정인 동시에 모든 인간에 본래적으로 내재한 근본적 요소라는 점에서 성도 될 수 있다. 물론 기대승에 있어서의 성은 순선純善 그 자체인 데 비해 프로이트의 성은 긍정적인 면과 부정적인 면을 둘 다 가지고 있으니, 프로이트 이론은 굳이 따지자면 임성주의 이론에 더 가깝다고 할 수 있다. 임성주는 기대승이 성으로 보고 있는 심의 미발 상태 그 자체도 본래적으로 선과 악이 양립하고 있는 것이라고 보고 있기 때문이다. 그러나 한마디로 말하면 프로이트의 본능은 기대승과 임성주의 입장에서 볼 때 정도 되고 성도 되는, 그리하여 심의 본질이 되는 요소와 하등 다를 바 없다. 따라서 기대승과 프로이트는 정을 중심으로 삼아 인간의 마음을 이해하려는 공통점을 지니고 있었다고 해도 그리 틀린 말은 아닐 것이다.

한 가지 덧붙이자면, 마키아벨리는 1469년에 태어나 기대승이 태어난 1527년에 사망하였고 홉스는 1588년생이며, 임성주는 1711년생이고 프로이트는 1856년생이다. 한마디로 서양 철학에서 감성 강조의 인성론이 논의된 것과 때를 같이하여, 혹은 더 이른 시기에 조선에서도 같은 의미의 인성 연구가 있었던 것이다. 왜 이런 말을 하는가 하

---

6) 김형찬, 「면우 곽종석의 사단칠정론」, 『四端七情論』, 440쪽.

면, 서양의 인성론에 비추어 볼 때 우리 조선의 성리학적 전개가 시대적으로 결코 뒤지지 않음을 이야기하고 싶고, 또 동양(특히 조선)에서도 언제나 순선의 리만이 중시된 것은 아니었음을 다시 한번 강조하고 싶기 때문이다.

2. 선과 악에 대하여

이황과 기대승의 치열한 논쟁이 실질적으로 어느 한쪽의 완전한 승리로 끝나지 못한 이유는 무엇일까? 이는 성리학 자체의 성격상 결국은 윤리적인 면을 도외시할 수 없었기 때문이라고 말할 수 있다. 성리학의 핵심은 인간의 윤리 문제를 그 목적으로 하고 있기 때문에 리와 기의 개념을 활용하여 인성을 논함에 있어서도 선과 악이라는 개념의 틀을 벗어나지 못했던 것이다. 이황이 기대승의 비판에 대안으로 내놓은 '리와 기가 함께 발현한다'는 리기호발설理氣互發說이나, 사단도 칠정의 일부라고 말하면서 '정의 발함에는 리가 움직여 기가 함께하는 것과 기가 감응하여 리가 타는 것이 있다'고 한 기대승의 정발리동기감설情發理動氣感說도 모두 인간의 본래적 선을 부정하지 못한 이론일 수밖에 없었다.

이러한 전통은 조선의 성리학이 맹자의 성선설을 뛰어넘지 못하고 항상 그것에 기초하고 있었기에 생겨난 것이다. 그렇기 때문에 임성주 같은 주기론자도 결국은 기의 담일湛一함을 강조함으로써 선의 요소를 본질적인 것으로 간주할 수밖에 없었다. 보다 명확한 설명을 위해 기대승의 「사단칠정총론四端七情總論」을 살펴보자.

대체로 성은 비록 선하다 하더라도 기질에 떨어져 있으면 편벽되고 지나침이 없지 않기 때문에 기질의 성이라 하고, 칠정은 비록 리기를 겸하였다고 하지만 리는 약하고 기가 강하여 리가 기를 관섭管攝할 수 없어 쉽게 악으로 빠져들기 때문에 기가 발한 것이라 한 것입니다. 그러나 칠정 중에 발하여 절도에 맞아 선하지 없음이 없는 것은 곧 사단과 더불어 애당초 다른 것이 아닙니다.[7)

이 말은 무슨 뜻인가? 순선한 리일지라도 발한 후 절도에 맞지 않으면 악이 될 수 있고 또 악으로 빠져들기 쉬운 칠정도 발하여 절도에 맞으면 선이 되기 때문에 사단과 칠정을 따로 구별하여 논할 수는 없다는 것이다. 이것은 맹자의 성선설에 기초해서 볼 때 아직 발하지 않은 상태에서의 인간의 본성은 모두 선하지만, 일단 현실적으로 발하게 되면 절도에 맞느냐 안 맞느냐에 따라 선과 악이 결정된다는 뜻이다. 이러한 해석에서 우리는 중대한 질문 하나를 던질 수 있다. 그렇다면 선과 악을 가늠하는 인자는 바로 절도가 아닌가? 그렇다. 인간이 본래 선한 성을 가지고 있다 하더라도 그 발현이 절도에 맞지 않으면 악이 된다는 말이니, 절도 그 자체가 선과 악을 결정짓는 기본적인 판단 기준이 되는 것이다. 그러면 이 절도는 무엇인가?

기대승은 절節에 맞는 것을 '중절中節'이라 하고 절에 맞지 않는 것을 '부중절不中節'이라 하였다. 또한 그는 사람의 기품에는 '맑음(淸)과 흐림(濁)' 또는 '치우침(偏)과 바름(正)'의 차이가 있을 수 있으며, 리의 본체인 천명天命의 정正에도 '옅음(淺)과 깊음(深)' 또는 '두터움(厚)과 엷음(薄)'의 차이가 있을 수 있다고 본다.[8) 그리하여 그는, 맑고 바

7) 「兩先生四七理氣往復書」, 『傳統과 現實』 창간호, 322쪽.
8) 같은 책, 같은 글, 255쪽 참조.

름 그리고 깊음과 두터움을 따르는 것이 절節에 맞는 것이 되고 흐리고 치우침, 얕고 엷음을 따르는 것이 절에 맞지 않는 것이 된다고 말한다. 그렇다면 무엇이 맑음과 흐림, 치우침과 바름, 옅음과 깊음, 두터움과 엷음 등을 판가름해 주는가? 그것은 바로 그 시대의 도덕률이라고밖에 할 수 없지 않을까? 유학적 문화 속에서 정해진 청탁淸濁, 편정偏正, 천심淺深, 후박厚薄의 기준은 바로 유학적 윤리 기준에 따라 판가름나는 것이기 때문이다.

이렇게 해석을 하고 보면 기대승에게 있어서 선과 악은 결국 정이 발현하여 도덕률에 맞으면 선이 되고 그렇지 않으면 불선이 되는 것이라고 요약할 수 있을 것이다. 이러한 해석은 본래부터 선한 것이나 본래부터 악한 것은 없다는 뜻도 내포하고 있다. 왜냐하면 도덕률은 진리와는 거리가 있는 문화의 소산이기 때문이다. 물론 기대승은 유교적 도덕 기준을 천고불변의 진리로 이해하고 있었는지는 모른다. 그러나 이황이 주장한 순선한 리의 표현인 사단 자체도 기대승에게 있어서는 무조건 선이 되는 것은 아니라고 볼 때, 기대승은 환경적 조건에 따라 천심과 후박이 결정될 수 있음을 암시하고 있는 것이다. 한마디로 기대승에게 있어서 천심과 후박, 청탁과 편정 등을 구별하는 만고불변의 기준은 없다고 생각된다. 그렇기에 필자는 기대승의 절도를 현실적인 도덕 기준으로 해석할 수 있음을 주장하는 것이다. 따라서 기대승의 이론은 니체가 주장한 "나의 판단은 나의 판단"이라는 경구와 양립할 수 없는 것이 결코 아니다. 니체의 이 말은 절대선이나 절대악은 존재하지 않으며 그 시대의 도덕률이 선과 악을 구별하는 절節의 척도가 된다는 의미까지도 내포하고 있기 때문이다.

여기에 프로이트적 해석을 연결시키면 어떠한가? 불행히도 프로이트는 선과 악이라는 개념을 쓰지 않았다. 물론 그의 본능 이론에서 두 개의 요소 즉 사랑의 본능과 죽음 혹은 파괴의 본능은 긍정적인 면과 부정적인 면을 각각 대표하는 개념이다. 그러나 사랑이라는 본능의 발현이 꼭 선을 의미하고 죽음이라는 본능의 발현이 꼭 악을 의미하는 것은 아니다.[9]

그러면 프로이트는 선과 악이라는 개념을 사용치 않고 어떻게 인간 심리의 발현된 결과를 평가하는가? 그는 정상(Normal)과 비정상 (Abnormal) 혹은 건강(Healthy)과 병(Disease)이라는 개념으로 선과 악의 개념을 대치한다. 프로이트는 사랑도 너무 많으면 비정상 혹은 병이 되고, 죽음 혹은 파괴의 본능도 적절히 표현되면 정상 혹은 건강한 정신 상태로 이해될 수 있다고 본다. 그러면 정상과 비정상의 한계는 무엇이 정해 주는가? 그것은 두말할 것도 없이 그 시대 그 문화권의 도덕률이다. 따라서 이 곳에서는 비정상인 성격이 저 곳에서는 정상으로 느껴질 수 있고, 또 그 반대의 현상이 나타나게 되기도 하는 것이다. 이렇기 때문에 기대승과 프로이트 사이에서는 정의 발현에 대한 정상적 의미는 도덕률에 달린 것이라는 공통성을 발견할 수 있다.

이황은 분명히 기대승과 다르다. 기대승의 이론에 대한 비판에서 그는 다음과 같이 언급하고 있다.

또 공의 "사단도 절도에 맞지 않는 것이 있다"는 논은 비록 매우 새로운 것 같지만 역시 맹자의 본뜻이 아닙니다. 맹자의 뜻은 다만 '수연粹然히 인·의·예·지로부터 발하여 나오는 것'만을 가리켜 말해서 성

---

9) 정신분석학에서의 악(Evil)에 대한 해석은 Fred Alford의 "The Organization of Evil" (*Political Psychology*, Vol. II, No. 1, 1990)에 잘 설명되어 있다. 이 논문의 철학적인 배경에는 선과 악에 대한 절대성이 존재하지 않는다는 의미가 내포되어 있다.

의 본선本善을 나타내었기 때문에 정 역시 선하다는 뜻뿐이었는데, 지금 공은 반드시 이 정당한 본뜻을 버리고 끌어내려 보통 사람의 '인 정人情이 발하여 절도에 맞지 않는 것'으로 혼합하여 말했습니다. 사 람들이 수오羞惡해서 안 될 것을 수오하고 시비是非해서 안 될 것을 시비하는 것은 모두 어두운 기질이 그렇게 하는 것인데, 어찌 이것을 가리켜 경솔히 말하여 수연한 천리에서 발하는 사단을 어지럽힌다는 말입니까? 이러한 의논은 사도斯道를 발명發明하는 데 무익할 뿐 아니 라, 도리어 후학들에게 전시傳示하는 데 해가 있을까 염려됩니다.[10)

이는 사단이란 어떠한 경우에도 선일 뿐이기에 발하여 절도에 맞 고 안 맞고가 있을 수 없다는 뜻이다. 이황은 도덕률 자체를 떠나 절 대선으로서의 사단을 상정하고 있는 것이다. 어쩌면 이러한 윤리관의 차이가 바로 이황과 기대승을 갈라놓게 된 근본 원인일지도 모른다.

여기에 덧붙여 주기론자로 일컬어지는 임성주의 선·악 개념도 한번 짚고 넘어갈 필요가 있다. 임성주는 앞서 본 바와 같이 리 자체 를 부정하고 마음을 기의 덩어리로 보았는데, 그는 이 기의 담일湛一 함을 강조함으로써 인간 마음의 본래적인 선함을 주장하였다. 그리고 악은 왜 생기는가에 대한 답으로서 '사재渣滓'라는 개념을 사용하여, 기의 담일성이 발현되는 과정에서 불가피하게 나타나는 '찌꺼기' 즉 사재의 생성을 말하였다. 기의 발현 결과 '화和'를 이루지 못하게 되 었을 때 이 사재에 의해 불선이 초래된다고 본 것이다. 그러면서도 임성주는 한편으로는 앞서 언급했듯이 기에는 '청탁의 차이가 있으므 로'(淸濁不齊) 발현 이전의 상태에도 선과 악의 요소가 병존한다고 보

---

10) 「兩先生四七理氣往復書」, 『傳統과 現實』 창간호, 291~292쪽.

아서 정통正通과 사재渣滓의 존재가 본질적으로 존재한다고 하였다. 어떤 면에서 이것은 선과 악이 인간의 마음 내에 병존하고 있다는, 정약용의 인심人心과 도심道心의 구별과도 일맥상통하는 양성론兩性論적 의미를 지니고 있다.

이렇게 볼 때 이이를 거쳐 임성주로, 다시 정약용으로 이어지면서 기대승의 영향력은 양성론적 의미로까지 확대되었다고 생각되는데, 이 양성론은 어쩌면 프로이트의 두 가지 본능론과도 유사하다고 할 수 있을지 모르겠다. 물론 양성론의 핵심을 긍정적인 면과 부정적인 면으로 해석할 때 그렇다는 것이다. 정약용의 양성론에서 인간은 금수들도 함께 지니는 마음과 더불어 금수가 갖지 못하는 도심道心을 동시에 지닌 '두 얼굴의 사나이'가 된다. 그러나 프로이트에게 있어서 사랑과 죽음의 본능은 인간과 금수의 구별로 해결될 수 있는 개념이 아니다. 조금 과장해서 말하면 프로이트에게 있어서 인간과 동물의 근본적인 차이는 없다. 다만 정도의 차이일 뿐이다. 양성론에 있어서는 도심을 따르는 것은 선이 되고 인심만을 추종하는 것은 악으로 흐를 가능성이 많다. 하지만 이 내용도 깊이 따져 보면 도심과 인심이라는 구별의 근거 역시 이이나 정약용이 보는 성리학적 세계 속에서의 도덕률에 불과한 것이다.

다시 기대승에게로 초점을 맞추어, 그에게 있어서는 과연 어떻게 행동하는 것이 선을 취하고 악을 버리는 것이 되는가? 그는 이 문제에도 크게 관심을 두어 그 이론의 한 축을 인간 수양의 문제로 연결시킨다. 어쩌면 이것은 성리학자의 가장 기본적인 임무라고도 할 수 있을 것이다.

앞서 설명한 바와 같이 기대승에게 있어서 사단은 천리라기보다는 칠정 가운데 중절한 것에 불과하다. 따라서 선천적인 성인은 존재할 수 없고 오직 발현된 정이 절도에 맞느냐 안 맞느냐가 선과 악을 구별하는 것이기에, 그에게 있어서는 후천적인 측면이 특히 강조되는 것이다. 아래에 이을호의 주장을 인용함으로써 필자의 주장을 명백히 하고자 한다. 그는 다음과 같이 말하고 있다.

고봉학에 있어서의 정발론情發論은 그의 경세학의 기초로서 어떠한 의미를 가지는 것일까? 윤리적인 측면에서, 정주학의 선천적 원리론에 비하여 후천적 결과론이라고 할 수 있다. 다시 말하면 칠정의 미발 시에 본연지성이 순선으로 존재하는 것이 아니라, 칠정이 이미 발한 후에 그것이 선일 경우 본연지성은 그것을 설명해 주는 소이연所以然의 원리가 될 따름이다. 그러므로 임현능任賢能을 주장하는 고봉의 경세론에 있어서의 현인도 후천적 작성작현作聖作賢[11]의 결과라는 사실을 주목하지 않을 수 없다. 여기서의 작성작현은 실천 윤리를 기초로 한다. 그러므로 고봉학에 있어서의 주정론主情論적인 현인론은 결정론적 전통 유학에 새로운 길을 열어 주고 있다. 그것은 바로 실천 윤리라는 명분으로 한국 유학에 있어서의 새로운 위상을 정립해야 할 것이다.[12]

그렇다면 프로이트의 정신분석학에 있어서 정상은 어떻게 달성되며 비정상은 어떻게 정상으로 돌아오게 되는가? 프로이트의 정신분석학은 어떤 면으로 보면 왜 비정상이 되었는가 하는 데서부터 그 연구가 시작한다고 볼 수 있다. 왜 한 인간의 마음이 정상적이지 못하고 비정상이 되어 가는가 라는 질문에 답하는 것이 바로 정신분석학의 출발이기 때문이다. 그리하여 그 원인을 밝힘으로써 비정상을 정

---

11) '作聖作賢'이란, 聖人과 賢者는 후천적인 수양을 통해서 만들어진다는 의미이다.
12) 이을호, 「高峯學序說」, 『傳統과 現實』 창간호, 25~26쪽.

상으로, 정신 심리의 병을 건강으로 회복시키는 단서를 잡는 것이 곧 정신분석학의 영역이라고 이해되어 온 것이다. 이것이 바로 정신분석학이 비정상적 심리 구조를 지닌 정신질환자의 치료라는 목적에 더 활용되어 온 까닭이기도 하다. 따라서 프로이트의 정상과 비정상의 의미도 철학적으로는 후천적 요소가 강하다. 즉, 기대승이 수양을 통해서 작성작현作聖作賢이 가능하다고 했듯이 프로이트의 정신분석학도 치료를 통해 비정상의 정상화가 가능하다고 본 것이다.

3. '칠정의 생성'과 '대상관계 이론'

이황과 기대승 사이에서 논쟁의 초점이 되었던 칠정은 도대체 어떻게 해서 생성되는 것인가? 이 칠정의 생성 과정에 따른 논란은 이황과 기대승의 차이점을 이루는 한 요소가 되므로 짚어 보지 않을 수 없다. 나아가 이러한 칠정의 생성을 정신분석학에서의 정(Passion)의 생성 과정과 연결해서 살펴보는 것은 성리학의 심성론과 정신분석학의 심리 현상을 비교하는 데 있어서도 매우 흥미 있는 결과를 초래하리라 생각된다. 한마디로 정을 강조함에 있어서 가장 중요한 부분이 정의 생성에 관한 것임은 두말할 나위가 없기 때문이다.

먼저 칠정 생성에 관한 이황의 견해를 살펴보자. 그는 기대승에게 보낸 답서에서 다음과 같이 말하고 있다.

측은 · 수오 · 사양 · 시비는 어디서 발합니까? 인 · 의 · 예 · 지의 성에서 발합니다. 희 · 노 · 애 · 구 · 애 · 오 · 욕은 어디에서 발합니까? 외물外物이 사람의 형形에 접촉하여 마음이 움직여서 환경에 따라 나오는 것입니다. 그런데 사단이 발하는 것을 맹자는 이미 마음이라 하였습니다. 그렇다면 마음은 본래 리·기의 혼합체인데도 가리켜 말한 바가 리를 주로 한 것은 어째서입니까? 인·의·예·지의 성이 순수하게 속해 있는데, 이 네 가지는 그 단서가 되기 때문입니다. 칠정이 발하는 것을 주자는 본래 당연한 법칙(理)이 있다고 하였습니다. 그렇다면 칠정에 리가 없는 것이 아닌데도 가리켜 말한 바가 기에 있는 것은 어째서입니까? 외물이 몸에 쉽게 감응되어 먼저 움직이는 것은 형기形氣만한 것이 없는데 일곱 가지는 그 묘맥苗脈이기 때문입니다.13)

이처럼 이황은 사단의 마음(측은, 수오, 사양, 시비의 마음)은 성에서부터 나오고 칠정은 외물이 사람의 형에 접촉하여 마음이 움직여서 환경에 따라 나온다고 하여, 사단과 칠정의 소종래所從來 즉 근원적 생성체가 다르다는 것을 설명하고 있다. 이미 앞에서 이에 대해 설명한 바 있음에도 다시 여기에서 장황한 예문을 든 까닭은, 칠정의 생성을 이황은 어떻게 보고 있는가를 살펴보려니 자연히 사단의 생성까지 언급된 설명을 인용하게 된 것이다.

아무튼 이황은 칠정을 기의 발현이라 하고 이것은 한마디로 "외물外物이 사람의 형形에 접촉하여 마음이 움직여서 환경에 따라 나오는 것"이라고 하였다. 이 내용에 대해 현대 정신분석학적 해석을 덧붙이면 매우 재미있는 설명이 나온다. 성리학에서 말하는 외물이란 정신분석학에서의 대상(Object)과 같은 개념이다. 그리고 '사람의 형形'이란 당연히 기氣를 말하는 것으로 서양철학적 해석으로는 정서(Desire)라고 할 수 있을 것이다. 그렇다면 이황의 말은 정신분석학적으로는

---

13) 「兩先生四七理氣往復書」, 『傳統과 現實』 창간호, 246쪽.

"어떤 대상이 인간의 감성(Desire)에 접촉하여 마음이 움직여서 환경에 따라 나오는 것이 바로 정(Passion)이다"라고 표현될 수 있다.

한편 기대승은 칠정의 생성을 어떻게 보고 있는가? 기대승은 이황에 대한 답신에서 다음과 같이 말하고 있다.

주신 변론에 "희·노·애·구·애·오·욕은 어디에서 발하는가? 외물이 그 형기形氣와 접촉하여 마음에 감동을 주어 환경에 따라 나온다"고 하였는데, 제가 살펴본 바로는 '외물이 그 형기와 접촉하여 마음에 감동을 준다'(外物觸其形而動於中)는 한 글귀는 이천伊川의 「호학론好學論」에 있습니다. 그러나 본문을 상고해 보면 "형形이 이미 생긴 이상 외물이 그 형에 접촉하여 심중에 감동을 주고, 그 마음이 움직여 칠정이 나온다"고 하였습니다. 이미 '심중에 감동을 준다' 하고 또 '그 마음이 움직이다' 하였으니 곧 마음이 감동하는 것이요 마음이 감동하여 성의 욕欲이 나오는 것으로, 이것이 바로 이른바 정입니다. 그렇다면 정이 밖에 드러나는 것이 환경에 따라 나오는 것 같지만, 사실은 심중으로부터 나오는 것입니다.……

주신 변론에 "칠정이 발하는 것을 주자는 본래 당연한 법칙이 있다고 하였으니, 그렇다면 리가 없는 것이 아닌데도 가리켜 말한 바가 기에 있는 것은 어째서인가? 외물이 몸에 쉽게 감응되어 먼저 움직이는 것은 형기만한 것이 없는데 일곱 가지는 바로 그 묘맥이다"라고 하였습니다. 그러나 상고해 보건대 「악기樂記」에 "사람이 나서 고요한 것은 하늘의 성이고(人生而靜天之性也), 물에 감응하여 움직이는 것은 성의 욕이다(感於物而動性之欲)" 했는데 주자는 '성의 욕이 바로 이른바 정이다' 하였습니다. 그렇다면 정이 사물에 감응하여 움직이는 것은 '스스로 그러한'(自然)의 이치입니다. 대개 그 속에 진실로 리가 있기 때문에 그 바깥에 감동하는 것이 서로 부합하는 것이지, 그 속에 본래 리가

없는데 외물이 와서 우연히 서로 부딪쳐 감동되는 것은 아닙니다. 그
렇다면 "외물이 오면 쉽게 감응하여 먼저 움직이는 것은 형기만한 것
이 없다"고 하신 말씀은 칠정을 설명하는 데는 맞지 않을 듯합니다.[14]

이러한 기대승의 주장은 정이란 단순히 환경에 따라서 나타나는
것이 아니므로 사단과 그 소종래의 차이가 없음을 강조하기 위하여
한 말이다. 따라서 이황과 기대승이 보는 정의 생성 과정에는 약간의
차이가 있다. 이러한 차이 때문에 소종래가 다르다니 같다느니 하는
논쟁이 성립될 수 있는 것이다.

기대승의 이황에 대한 비판을 염두에 두고 이황의 칠정 생성을
다시 살펴보면, 이황에게 있어서 칠정이란 외물이 우연히 부딪쳐 옴
으로써 발동되는 것인데 이는 외물이 오면 쉽게 감응하여 먼저 움직
이는 것이 형기이기 때문이라고 말할 수 있다. 이러한 주장은 프로이
트의 본능 강조에 반기를 들고 일어난 설리번을 중심으로 한 대인정
신분석 이론(Interpersonal Psychoanalytic Theory)과 일맥상통한다. 앞서 설명
했듯이 이들은 인간 심리 현상의 외부적 영향을 강조했기 때문이다.
즉 프로이트의 본능이 별거냐, 인간은 외부 환경에 절대적 영향을 받
는다 라는 주장이다.

구체적으로 말하면 대인정신분석 이론에서 정(Passion)이란 다른 사
람과의 관계 속에서, 혹은 외부 조건과의 관계 속에서 형성되는 것이
다. 따라서 정을 근간으로 하는 '성격'이란 곧 외부의 대상(External
Object)을 통해 자아로 유입되는 내사(Introjection)의 결과로 형성되는 것
이라고 말할 수 있다. 내사의 과정을 설명할 때 가장 비근한 예로서

---

14) 같은 책, 같은 글, 258~259쪽.

거론되는 용어는 '내양화'(Internalization)라는 개념이다. 이것은 어린 시절 아버지나 어머니 또는 그 밖의 외적 대상의 이미지가 그대로 그 어린아이에게 전달되는 것을 의미한다. 즉 아이들은 그들의 가장 가까운 외적 대상에게서 절대적 영향을 받는다는 말이다. 아버지의 성격을, 어머니의 성격을 닮아 가는 과정이 곧 내향화라는 것이다.

나아가 사회의 문화적 요소 또한 한 어린이의 자아 형성에 절대적인 영향을 미친다. 동양에서 자란 아이와 서양에서 자란 아이의 '정' 표현이 다르다는 사실은 바로 이러한 대인정신분석 이론을 뒷받침해 주고 있다고 하겠다. 그렇기 때문에 우리는 대인정신분석학자들을 문화주의자라고까지 말하는 것이 아니겠는가! 물론 대인정신분석학자들이 인간에게 불변적인 성性의 요소를 소홀히 하고 있다는 점에서 전체적인 의미에서의 심성론이 결코 이황과 같다고는 말할 수 없다. 다만 적어도 정(Passion)의 형성 과정만을 가지고 이야기할 때에 있어서만은 이황의 칠정형성론과 일맥상통한다고 말할 수 있다는 것이다.

앞서 살펴본 바와 같이 이황에게 있어서 정이란 외부 환경에 많은 영향을 받는다. 따라서 선한 행위를 위해서는 환경이 중요하다. 그러나 이황은 불변의 성으로 사단의 소종래를 설명하고 있기 때문에, 그 사단이 외부의 환경에 따라 변화무쌍해지는 칠정을 다스릴 수 있을 때에만 선이 가능하다는 것을 강조한다. 이 점에 있어서 그의 입장은 아리스토텔레스와 비슷하다. 아리스토텔레스 역시 우리의 감성은 이성의 통제를 받은 연후에야 선으로 될 수 있다고 보았기 때문이다.

그렇다면 기대승의 입장은 어떠한가? 기대승의 견해를 정신분석학적으로 해석하기 위해서는 칠정 형성 과정에서의 '외물과 심心의 대응 양상'부터 이해해야 할 것이다. 왜냐하면 기대승은 "형形이 이미 생긴 이상 외물이 그 형에 접촉하여 심중心中에 감동을 주고, 그 마음이 움직여 칠정이 나온다" 하는 정이程頤의 말을 인용하면서, "'심중에 감동을 준다' 하고 또 '그 마음이 움직인다' 하였으니 곧 마음이 감동하는 것이요 마음이 감동하여 성의 욕이 나오는 것으로, 이것이 바로 이른바 정입니다"라고 규정하고 있기 때문이다. 이 말을 쉽게 해석하면, 비록 외물이 마음에 감동을 준다 하더라도 그 감동하는 주체는 어디까지나 마음이며, 이 마음 속의 성이 감동하여 나타난 욕欲이 바로 정이라는 것이다.

한마디로 기대승은 이황이 주장한 것처럼 형기가 단순히 외물에 감응되는 것이 정인 것이 아니라, 외물이 심중에 감동을 줄 때에 정이 주도적으로 발한다는 것을 주장하고 있다. 따라서 기대승은 사단 역시 이 성이 감동되어 나타나는 정으로서, 다만 성의 본질이라고 생각되는 인의예지에 근거하는 것일 뿐이라고 본다. 그 발현은 측은, 수오, 사양, 시비라는 정이기 때문에 사단 또한 칠정과 구별이 없다는 것이다. 그는 이황을 향해 다음과 같이 주장한다.

만약 외물에 감응하여 움직이는 것으로 말한다면 사단도 역시 마찬가지입니다. 적자赤子가 우물에 빠지려는 일에 감동이 되면 인仁의 이치가 바로 응하여 측은한 마음이 드러나고, 종묘를 지나고 조정을 지나는 일에 감동이 되면 예禮의 이치가 바로 응하여 공경의 마음이 드러납니다. 그러므로 사단이 외물에 감동되어 드러나는 것은 칠정과 다를 것이 없습니다. 주신 변론에 "어찌 속에 있을 때 순수한 리였다가 겨우 발함에 이르러 기와 혼잡된다고 하지 못할 것이며, 외물에 감동되는 것이 형기이지만 그 발하게 하는 것은 어찌 리의 본체가 아니겠는가" 하셨는데, 저의 생각에는 속에 있을 때에는 진실로 순수한 천리이나 이 때에는 다만 성이라고 이를 수 있을 뿐 정이라고 할 수는 없습니다. 비로소 발하면 바로 정이어서 화和·불화不和의 차이가 있게 됩니다. 대개 발하지 않았을 때에는 오로지 리일 뿐이지만 이미 발하면 바로 기를 타고 행해지는 것입니다. 주자의 원형이정元亨利貞의 설에 이르기를 "원형이정은 성이고 생장수장生長收藏은 정이다"라 하였고, 또 "인의예지는 성이고 측은·수오·사양·시비는 정이다"라고 하였습니다. 무릇 생·장·수·장을 정이라 하면 바로 기를 타고 유행하는 내용을 볼 수 있으니, 사단 역시 기입니다.[15]

위의 인용문은 다른 설명이 필요 없이 사단과 칠정의 소종래가 같다는 것을 주장하는 말이지만 사단과 칠정의 생성을 뒷받침해 주는 말이기에 길지만 인용해 본 것이다. 외물이 심중에 감동되어 나타난 것이 정이라고 한다면 이를 정신분석학적으로는 어떻게 해석할 것인가? 이것은 대상(Object)이 본능에 감동되어 나타난 것이 정(Passion)이라는 해석으로 연결될 수 있을 것이다.

프로이트가 본능을 강조하면서도 대상이란 개념에 주목한 것은 앞서 살펴본 바 있는데, 이 때 대상이란 외부의 어떤 상황이나 인물 또는 물건으로서 자아의 형성에 영향을 주는 것을 의미한다. 그러나 이 대상은 본능에 의하여 그 성격이 규정된다. 즉 성적 대상이 있어서 바로 성 관계가 이루어지는 것이 아니라, 본능이 어떤 대상을 성적 대상으로 삼음으로써 그 대상이 성적 특성을 갖게 된다는 것이다. 이

---

15) 같은 책, 같은 글, 259쪽.

말은 대상이 본능을 좌지우지하는 것이 아니라 본능이 대상에 감동되었을 때에만 그 대상의 성격이 결정된다는 말로 해석할 수 있다. 다시 말하면 아무리 객관적으로 성적 매력이 있다 하더라도 어떤 특정인의 본능을 무조건 유발시키는 것은 아니며, 오히려 본능이 대상을 가려서 그 정을 발생시킨다는 것이다.

기대승에 따르면 외물이 무조건적으로 마음을 감동시키는 것은 아니다. 외물이 형기에 접촉해도 마음을 감동시키지 못하면 정이 발현되지 않고, 오직 마음이 외물에 감동되어 마음 속의 성이 욕欲을 보일 때에만 정이 발현된다는 것이다. 이를 프로이트의 대상 개념에 적용하면 매우 흡사한 결과가 나온다. 어떤 대상이 본능을 감동시키지 못하면 정은 생성되지 못하며 오직 본능이 움직여 대상에 특정한 욕망을 보일 때에만 정이 생성된다고 프로이트 이론을 재해석할 수 있게 되는 것이다. 이러한 주장은 한마디로 정의 발현에 있어서 외부 환경의 절대적 영향을 거부하는 것으로, 어떠한 경우라 하더라도 내부적 본능 혹은 마음의 감동과 그 능동성이 수반되어야 함을 의미한다. 이것이 바로 이황과 기대승의 차이요, 프로이트와 대인정신분석학자(신프로이트 학파)들의 차이일 것이다.

대인정신분석학은 프로이트 이론 속에 숨어 있는 본능과 대상의 오묘한 관계를 무시하고 오직 외부적 영향만을 강조한 모순을 저질렀다는 비판을 받는다. 그리하여 형성된 이론이 앞서 설명한 대로 멜라니 클라인 등이 주동이 된 대상관계 이론이다. 물론 멜라니 클라인이 프로이트처럼 본능을 움직이지 않는 불변의 성으로 본 것은 아니다. 클라인은 프로이트의 본능 개념을 약간의 변화적인 성격을 띤 '대상을 향한 감성'으로 보아서 근본적인 두 개의 감성으로 사랑(Love)과 증오(Hate)를 설정했다. 그는 대상과의 관계에서 대상의 객관적 실체보다는 대상에 대한 자아의 느낌(감동) 여부에 따라 수많은 정(Passion)이 생성된다고 보았다. 이는 두말할 나위 없이 자아가 대상을 향해 쏘아대는 투사(Projection)를 정의 중요한 형성 요소로 간주한 것이다.16)

기대승도 결국은 이황의 단순한 외물(Object)에 대한 내사(Introjection)의 의미를 넘어서서 '마음의 감동'과 '마음의 외물에 대한 의미 부여'를 통한 정의 생성을 강조하였다고 볼 수 있다. 따라서 기대승이 마음이나 마음의 감동을 강조한 것은 바로 프로이트의 '본능과 대상의 관계', 그리고 대상관계 이론에서의 자아가 대상을 향해 쏘아 대는 '투사(Projection)의 강조'와 일맥상통한다고 말할 수 있지 않겠는가!

4. '경'과 '초자아'

프로이트의 심리 구조에 초자아(Superego)와 자아이상(Ego Ideal)이라는 두 개의 개념이 있다는 사실은 이미 지적한 바 있다. 다시 한번 요약하면, 초자아란 현실의 원리(Reality Principle)를 따르려는 마음이요 자아이상이란 기쁨의 원리(Pleasure Principle)를 따르려는 마음이다. 그런데 여기서는 '현실'과 '기쁨'이라는 개념을 잘 이해해야만 한다.

'기쁨'이란 모든 문명의 제약, 즉 현실적 제약에 관계없이 그저 자기의 몸(Body)이 원하는 바를 의미한다. 이것은 곧 아무런 고통도

---

16) 대인정신분석학(Interpersonal Psychoanalysis)과 대상관계 이론(Object Relation Theory)에 관해서는 영문 졸저 *The Ego Ideal, Ideology, and Hallucination* (University Press of America, 1992), 2~6쪽 참조. Jay Greenberg & Stephen Mitchell의 *Object Relations in Psychoanalytic Theory*에서는 대상관계 이론에 대해 더욱 자세하게 설명하고 있다.

없던, 어머니의 자궁(Womb) 속에서 갖게 되는 원초적 자아도취(Primary Narcissistic Perfection)의 상태이다. 인간은 태어나서 당분간은 스스로 움직일 수 있는 힘을 갖지 못한다. 이것이 인간의 첫 번째 불만이라면 두 번째는 문명의 제약으로부터 얻게 되는 불만족이다. 따라서 인간은 어떤 면에서 어머니 뱃속에 있을 때가 가장 행복한 때라고 말할 수 있는데, 이를 정신분석학에서는 원초적 자아도취 상태라고 부른다. 여기에 프로이트의 소망 이론(Wish Model)을 적용시키면, 한 인간은 한번 느낀 기쁨을 다시 찾으려는 욕망이 있기에 원초적 자아도취의 상태로 돌아가려는 근본적 욕망을 지니고 산다. 그것이 곧 '자아이상'으로서 현실 속에서는 희망이나 기대의 표현으로 나타나는 것이다.

그러면 '현실'이란 무엇을 의미하는가? 한 인간이 자기의 몸이 가는 대로만, 즉 기쁨을 찾아서만 행동한다면 문명 사회에서 살아남기는 매우 어려울 것이다. 때문에 모든 인간은 문명 사회의 현실적 논리를 어느 정도 수용해야 할 필요성을 느끼게 되는데, 이것은 자아보존(Self-Preservation)을 위한 최소한의 요구이기도 하다. 따라서 '현실의 원리'라는 개념에서의 '현실'은 자아보존을 위한 문명 사회의 도덕률까지 포함하고 있다. 만약 그 도덕률을 어기면 생명은 살아 있다 하더라도 비도덕적 인간으로 낙인찍혀 현실이 주는 불이익을 감당해야 하기 때문이다. 그러므로 프로이트가 말한 '초자아'란 기쁨의 원리대로만 나아가려는 '자아이상'을 억제하는 기능으로서, 생존을 위해 현실의 논리를 추구하는 마음인 것이다.

이렇게 보면 프로이트의 심리 구조에서는 초자아와 자아이상이 균형을 이루어야만 정상적인 행동이 나오게 된다. 만약 자아이상만이 존재한다면 현실에서의 생존이 위협을 당하고 비현실적 요소만이 가

득하게 될 것이다. 반대로 초자아만이 존재한다면 인생의 기쁨은 그만큼 사라져 버리고 꿈도 희망도 없는 삭막한 현실만이 남게 될 것이다. 이러한 자아이상과 초자아의 기능을 현실의 도덕적 의미와 결부시켜 보면 자아이상은 악으로, 초자아는 선으로 연결되는 의미를 발견할 수 있다. 프로이트가 '기쁨의 원리'를 이야기할 때에는 대개의 경우 몸이 느끼는 기쁨 그 자체가 현실의 도덕성을 무시하는 경우가 많으므로 악으로 연결되기 쉬우며, '현실의 논리'는 그런 기쁨의 원리에 제동을 거는 현실의 도덕률을 내포하기 때문에 선으로 연결될 수 있는 것이다. 이와 같은 프로이트의 '자아이상'과 '초자아'의 개념을 염두에 두면서 기대승의 논리를 한번 살펴보기로 하자. 기대승은 「이심법설移心法說」에서 다음과 같이 말하고 있다.

> "마음을 옮길 수 있는가?"
> "가능하다."
> "무엇으로 옮길 수 있는가?"
> "경敬으로 하는 것이다."
> "마음은 과연 어떤 물건이며, 경敬은 과연 어떠한 일인가?"
> "……경이란 일—을 주장하는 것이니, '일'이란 무엇인가? 마음이 다른 데로 가지 않는 것이다. 마음이 다른 데로 가지 않으면 마음이 정定해지고, 정하면 고요해지고, 고요하면 차분해지고, 차분해지면 생각하게 된다. 생각하면 마음의 움직임이 물에 갇히지 않아 성性을 따르게 되고, 성을 따라 행동하면 변함을 주재할 수 있게 되며, 변함을 주재할 수 있으면 똑같지 않는 것이 저절로 하나가 되는 것이다. 마음은 배와 같고 경은 키와 같으니, 배가 파도에 있을 때에는 키가 들어서 움직일 수 있으며 마음이 물욕에 있을 때에는 경이 들어서 변화시킬 수 있는

것이다…… 마음은 진실로 한 물건과 같이 형체가 있는 것이 아니니, 옮길 수 없을 듯하다. 그러나 마음은 활물活物이어서 광명光明하고 통철洞徹하여 온갖 진리가 다 구비되어 있으니, 마음을 전환하고 옮기는 기틀이 나에게 달려 있다. 어찌 불가하겠는가? 『서경書經』에 이르기를 '성인聖人도 생각하지 않으면 광인狂人이 되고, 광인도 생각하면 능히 성인이 된다' 하였다. 이것이 성인과 광인의 분별이다. 이는 마음을 옮길 수 있다는 말이니, 어찌 끝내 옮길 수 없단 말인가?"[17]

이 부분은 범인凡人이라 할지라도 스스로의 노력에 따라 성인도 현인도 될 수 있다는 기대승의 '작성작현作聖作賢'의 원리를 뒷받침해 주는 설명이다. 그런데 이 설명 속에서 또 하나의 매우 중요한 개념을 발견할 수 있으니, 그것은 바로 '경敬'이란 개념이다.[18]

기대승은 인간의 마음에 경敬이라는 요소가 있어서, 이것이 제대로 작동되기만 하면 선을 행할 수 있음을 강조한다. 이러한 '경' 개념을 좀 풀어서 설명한다면 다음과 같을 것이다. 인간의 마음이 외물과 접하여 발현될 때 나타나는 모든 정이 꼭 선 일변도로 간다는 법칙은 없기 때문에 악이 발생할 수도 있다. 그러나 인간의 마음에는 경이라는 요소가 있으므로, 이 경의 역할로 인해 인간은 발현된 정의 의미를 선으로 연결시킬 수 있는 힘을 지니고 있다. 따라서 마음의 정을 통제

17) 「移心法說」, 『국역 고봉집』 II, 206~207쪽.
18) 기대승의 '敬'에 관한 내용은 이을호, 「高峯思想淵源小考」(『高峯學論叢』)의 '제3장 性理學 緖論' 중 '物格理到說' 편에서 기대승도 이황과 마찬가지로 主敬論者였음을 입증하는 가운데 간단하게 언급되고 있다. 이황 역시 그의 대표 저술인 「聖學十圖」의 제8 '心學圖'에서 마음을 조절하는 敬의 역할을 강조하였다. 한덕웅은 『퇴계심리학』(성균관대학교 출판부, 1996)이란 저서에서 이황에게 있어서의 敬의 의미와 그 역할을 사회심리학적 입장에서 설명하고 있는데(76~96쪽), 이런 사회심리학적 접근은 정신분석학적 접근과는 차이가 있기 때문에 이 책에서는 별도로 다루지 않았다.

해 주는 요소인 '경'은 곧 성선설을 뒷받침해 주는 개념으로서 본질적인 성을 따르려는 의미를 지닌다. 이 때 정을 통제하는 요소로서의 '경'은 '공경하다'의 뜻보다는 '삼가다'라는 의미를 갖고 있다는 점에 유념해야 한다.

그렇다면 기대승의 경(敬)이란 개념과 프로이트의 초자아란 개념은 매우 흡사하게 일치된다. 왜냐하면 프로이트에게 있어서 자아이상을 통해 기쁨을 추구하려는 정(Passion)들은 현실의 논리에 따라 움직이는 초자아에 따라서 '삼가고' '억제하게' 되기 때문이다. 그리하여 프로이트는 초자아가 작동되지 않은 형태를 '미침'으로까지 연결시키고 있다. '미침'이란 곧 심리적 비정상을 의미하는 것이며, 이 비정상이란 바로 현실을 고려치 않는 상태를 의미한다. 따라서 프로이트의 정신분석학에서 정신병의 치료는 초자아를 길러 주는 과정이라 해도 과언이 아니다. 미친 자는 아무런 현실적 요구를 생각하지 않은 채, 오직 그의 몸이 원하는 대로만 행동하기 일쑤이기 때문이다.

기대승도 프로이트와 똑같은 표현을 하고 있다. 즉 경(敬)이 작동하지 못하면 성인도 미친 자가 될 수 있다는 것이다. 그는 경이란 인간에게 생각을 하게 만드는 요소라고 했는데, 프로이트 식으로 살을 붙여 해석하면, 현실의 도덕률을 따르는 것이 궁극적으로는 자기 자신을 명예롭게 함으로써 더 큰 만족을 얻을 수 있으리라는 점을 생각하게 하여 정의 비도덕적 요소를 억제시킬 수 있다는 말로 통할 수 있다. 바로 이 점이 프로이트의 초자아의 역할과 동일하다. 프로이트에게 있어서는 초자아라는 요소가 바로 현실의 도덕률을 따라 자아가 표출한 정(Passion)의 비도덕성을 억제시키는 역할을 하기 때문이다.

또 한 가지, 기대승은 "광인도 능히 생각하면 성인이 된다"고 말한 바 있다. 이것은 미친 자도 초자아의 의미가 부여되면 정상이 될 수 있다고 보는, 미친 자의 치료가 가능함을 의미하는 프로이트의 정신 분석학적 핵심과 같다. "광인도 성인이 될 수 있다"는 기대승의 말은 인간은 마음을 움직일 수 있으니 성인이 광인이 되는 것처럼 광인도 마음을 움직여 성인이 될 수 있다는 말 아닌가!

프로이트에게 있어서 '초자아'란 현실의 논리에 대한 두려움으로부터 그 근원을 찾을 수 있다. 그것은 오이디팔(Oedipal) 기간 중 아버지라는 존재를 확인하는 데서부터 싹트는 현실 수용의 원리를 내포하고 있기 때문이다. 어린아이는 처음에는 자기 어머니를 사랑의 대상으로 생각한다. 그러나 철이 들기 시작하면서 자기 사랑의 대상인 어머니의 사랑의 대상이 자기가 아니라 아버지란 사실을 알면서부터 커다란 실망감을 갖게 된다. 그리하여 아버지를 미워하는 마음이 싹트게 되는데, 실제로 아버지를 이겨낼 수 없으므로 차라리 아버지를 존경하게 되고 나중에 성인이 된 후에는 어머니와 같은 사랑의 대상을 찾으려는 현실순응적 입장으로 돌아선다. 이러한 과정에서 싹튼 것이 바로 '초자아'이다.

결국 초자아란 아버지에 대한 두려움으로부터 싹트게 되는 것으로, 더 넓게는 현실의 두려움을 통해 이루어지는 요소라고 할 수 있다. 자라나면서 아무리 자기가 좋아해도 자기의 결혼 상대가 될 수 없는 사람이 있음을 알게 됨으로써 나타나는 요소가 바로 초자아이기 때문에, 확대해석하면 바로 문명 사회의 도덕률을 따르려는 요소가 바로 초자아가 되는 셈이다. 만약 그 도덕률을 따르지 않으면 현실 속에서는 미친 자로 분류될 수 있다는 생각에서 초자아가 발동된다는 것이다. 따라서 프로이트의 초자아란 꼭 기대승에게서처럼 인간의 '성선'

적 의미에서 싹튼 요소는 아니다. 아니, 오히려 현실의 두려움 속에 싹튼 요소라는 점에서 기대승의 '경'과는 그 발단 자체가 다르다고 할 수 있다. 그러나 그 작용에서만큼은 기대승의 '경'과 프로이트의 '초자아' 사이에는 거의 차이가 없다고 단언할 수 있을 것이다.

그런데 한편으로 기대승은 「주선우한론周宣遇旱論」에서 다음과 같이 말하기도 한다.

사람의 마음은 경계하면 두려워하니 두려워하면 착한 마음이 생기며, 방일放逸하면 음탕해지니 음탕해지면 선을 잊게 됩니다.[19]

이 대목은 인간은 언제나 자연과 하늘에 두려움을 갖고 겸손하게 살 때 상서로움이 온다는 것을 강조하기 위해서 한 말이다. 기대승은 다시 말을 이어서 다음과 같이 주장한다.

그렇다면 재앙을 만나 두려워함에 하늘이 재앙을 내린 것은 상서이지 재앙이 아니며, 상서를 만나 방일함에 하늘이 상서를 내린 것은 재앙이지 상서가 아닙니다.[20]

하늘이 내리는 재앙을 두려워함으로써 후일의 상서로움을 위한 준비를 할 수 있으므로 하늘의 재앙 자체가 상서로움이 될 수 있으며, 하늘이 상서로움을 내렸다 해서 방일하게 되면 언젠가는 큰 재앙이 닥칠 것이므로 하늘이 내리는 상서로움도 상서로움이 아닐 수 있다는 뜻이다. 결국 이 말 역시 인간은 언제나 현실의 도덕률에 두려움을

---

19) 「周宣遇旱論」, 『국역 고봉집』 I, 228쪽.
20) 같은 책, 같은 글, 229쪽.

갖고 살 때에만 실수 없는 삶을 살 수 있다는 것을 일깨우기 위한 말이라고 할 수 있다.

이렇게 보면 기대승에게 있어서도 두려워하는 마음이 곧 선을 유발시키는 것이니, 곧 경의 의미는 자연과 현실의 도덕률에 대한 두려움의 다른 표현일 수도 있다. 때문에 경이란 개념은 한편으로는 성선적인 요소로부터 나타나는 것이기도 하지만, 다른 한편으로는 두려움에서부터 싹튼 요소라고도 볼 수 있는 것이다. 그렇다면 기대승의 '경'과 프로이트의 '초자아'는 더욱더 밀접한 유사성을 보인다고 말할 수 있다.

조선 성리학자들의 심성론을 정신분석학적으로 해석한다면 이이나 정약용의 '인심도심론'도 자아이상과 초자아라는 개념으로 설명될 수 있다. 즉 '도를 따르려는 마음'과 '인욕을 따르려는 마음'이 인간의 본래적 성에 양존한다는 점을 '기쁨을 따르려는 자아이상'과 '현실의 도덕성을 따르려는 초자아'의 양존과 연결시킬 수 있다는 것이다. 그러나 자세히 살펴보면 이 두 부분을 연결시키는 데에는 약간의 무리가 따른다. 왜냐하면 성리학의 양성론은 프로이트의 '사랑'(Eros)과 '죽음 혹은 파괴'(Thanotos)라는 두 개의 본능과 비교되는 것이 훨씬 더 타당성이 있기 때문이다. 프로이트는 이 두 개의 본능을 이야기한 후에 다시 자아이상과 초자아란 개념을 부과시킴으로써, 두 개의 본능이 작동되는 과정에서 자아이상과 초자아가 어떤 역할을 하도록 만들었다. 기대승 또한 마찬가지로 인욕을 줄이고 도심을 앙양시키도록 하기 위해 경敬의 역할을 분명히 하였다. 따라서 차라리 기대승의 '경'의 개념이 프로이트의 '초자아' 개념과 매우 흡사한 점이 있는 것이다.

5. '리약기강'과 '기쁨 추구의 원리'

주자학의 리기론을 인간 마음의 이해에 적용시킬 때 리는 순선한 본래적 성이 되며 기는 발현이 될 때 절도에 맞거나 맞지 않음에 따라 선과 악이 될 수 있다는 것이 일반적인 견해이다. 그런데 여기서 우리는 리가 기의 주재자임에도 불구하고 왜 현실적으로 악이 발생하는가 하는 것도 한번 짚고 넘어가야 한다. 주자학에서는 이것을 설명하기 위해서 리는 약하고 기는 강하다는 '리약기강理弱氣强'의 이론을 내세운다. 리가 기를 주재함에도 불구하고 기의 강함으로 인해 가끔씩 절도에 맞지 않을 수 있다는 뜻이다. 주희는 다음과 같이 말한다.

기가 비록 리에 의해서 생겨난 것이지만, 그러나 이미 생겨 나왔으면 리는 그것을 관리하지 못한다. 이 리가 기에 깃들여 있더라도 일용간의 운행은 모두 이 기로 말미암는다. 기는 강하고 리는 약할 뿐이다.[21]

이 리약기강 이론은 사실 논변의 전개 과정에서 매우 중요한 근거로 활용된다. 먼저 기대승은 리약기강 이론을 내세우면서 사단에도 선·불선이 있을 수 있으므로 사단 또한 정이라는 주장을 펴 나간다.

사단의 정이 리에서 발하여 선하지 않음이 없다는 것은 본래 맹자가 가리킨 바에 따라 말하는 것입니다. 그러나 만약 광의廣意의 정을 가지고 세론細論하면 사단이 발하는 데에도 절도에 맞지 않는 것이 있으니, 진실로 모두 선하다고는 할 수 없습니다. 이를테면 보통사람들 중

---

21) 『朱子語類』, 권4, "氣雖是理之所生, 然旣生出, 卽理管他不得. 如這理寓於氣了, 日用間運行者, 有這個氣. 只是氣强理弱." 우리말 번역은 최영찬의 「朱子 哲學에서 본 高峯의 四端七情論」의 내용을 따랐다.

에는 수오해서는 안 될 것을 수오하는 경우도 있고 시비해서는 안 될 것을 시비하는 경우도 있습니다. 이는 대개 리가 기 속에 있으면서 기를 타고 발현하는 경우 리는 약하고 기는 강하여 리가 기를 관섭管攝하지 못해서 정이 유행하는 즈음에 진실로 이와 같게 되는 것이니, 어찌 정이 '선하지 않음이 있을 수도 있고 없을 수도 있다'고 하겠으며 또 어찌 사단이 '선하지 않음이 없다'고 하겠습니까?[22]

기대승은 정 속에 이미 리가 있으나 일반적으로 리가 기보다 약하기 때문에 사단에도 불선이 있을 수 있다고 보는 것이다. 여기에 '경'의 개념을 사용하여 설명하면, 경이 작용되지 않을 경우 리가 기에 치어서 그 의미를 상실하는 경우가 많다는 것으로 해석될 수 있다.

이러한 기대승의 논리에 이황은 계속하여 "사단은 리가 발하여 기가 따르기 때문에 선할 수밖에 없고 칠정은 기가 발하여 리가 타는 것이기에 선악이 있다"고 주장한다. 이 말은 사단의 경우에는 분명히 리가 주체여서 악이 될 수 없으므로 칠정과는 그 본질이 다르다는 것을 강조하는 것이다. 그러나 이황도 리약기강의 이론을 부정하지는 않는다. 그는 특히 칠정에 대해서는 기가 발하여 리가 타는 형세인 만큼 기의 강함으로 말미암아 악으로 될 소지가 많음을 지적한다. 그리고 사단의 경우 리가 발하여 기가 타는 형세이지만 일반인들에게 있어서는 간혹 기가 리의 제어를 벗어날 수도 있다고 하여 이것이 바로 리약기강을 의미한다고 본다. 그러면서도 이황은 리의 역할을 중시하여 사단에서만은 그 본질상 리약기강이 이루어질 수 없음을 암시하고 있다. 그는 다음과 같이 말한다.

---

22) 「兩先生四七理氣往復書」, 『傳統과 現實』 창간호, 268쪽.

『정성서定性書』(程顥가 張載에게 답한 글)에 이르기를 "사람의 마음이 쉽게 발하고 억제하기 어려운 것으로는 오직 노怒가 가장 심하니, 일단 노여울 때에 서둘러 그 노여움을 잊어버리고 리理의 시비를 보면 역시 외유外誘가 미워할 것이 못됨을 알게 될 것이다" 하였으니, 이상에서 이른바 쉽게 발하고 억제하기 어렵다는 것이 리입니까, 아니면 기입니까? 리라면 어찌 억제하기 어려움이 있겠습니까? 오직 기이기 때문에 급히 내달아 제어하기가 어려운 것입니다. 그리고 노怒가 리에서 발한 것이라면 어찌 노를 잊어버리고 리를 본다고 하겠습니까? 오직 기에서 발하기 때문에 노怒를 잊어버리고 리를 보라고 한 것이니, 이 것은 바로 리로써 기를 제어하는 것을 말함입니다. 그렇다면 이 말을 인용하여 칠정이 기에 속한다는 것을 증명한 것이 어째서 타당치 않겠습니까?[23]

한마디로 이황은 사단은 리가 주主요 칠정은 리가 있으되 기가 주라고 말함으로써 사단과 칠정의 소종래가 다름을 주장한다. 그러면서 그 말 속에서는 리기가 함께 있을 때에는, 특히 칠정의 경우처럼 기가 발하여 리가 탈 때에는 항상 리가 약하고 기가 강할 수 있음을 암시하고 있다. 그리고 이 경우 리가 기를 제어함으로써만 선으로 될 수 있음을 지적한다. 그렇기에 이황은 리를 항상 볼 수 있도록, 그리고 리가 기를 제어할 수 있도록 노력해야 함을 강조하게 되는 것이다.

리약기강의 의미를 조금 넓게 해석한다면 리는 도덕률을 따르려는 초자아, 기는 몸이 원하는 대로 움직이려 하는 자아이상으로 대치될 수 있다. 물론 기대승과 같이 기의 우세함을 강조하는 가운데 리로 돌아갈 수 있는 '인욕人欲의 제어 장치'로서 경敬이란 용어를 사용하

---

23) 같은 책, 같은 글, 288쪽.

였다면, 기대승에게 있어서 초자아는 분명 경이다. 그러나 정이 발하여 선과 악을 결과적으로 초래한다고 볼 때, 리를 찾는 것이 선이요 기만이 판치는 경우가 악으로 될 소지가 많음을 염두에 둔다면 협의의 리와 기는(광의의 리기론을 떠나) 틀림없이 초자아와 자아이상이라는 정신분석학적 개념과 연결될 수 있을 것이다.

그렇다면 정신분석학에 있어서 자아이상과 초자아는 어떤 관계가 있는가? 바로 자아이상은 강하고 초자아는 약하다는 말이 그 답이 될 것이다.[24) 따라서 이러한 점에서 성리학 특히 기대승의 철학은 정신분석학의 심리 진행 과정과 매우 흡사하다고 할 수 있다. 물론 정신분석학에서는 선과 악이라는 개념을 사용하지 않고, 다만 정상과 비정상이라는 용어만을 사용하여 행동의 가치 기준을 정한다. 그러나 정상과 선, 비정상과 악의 개념을 연결시켜 보면, 성리학(기대승)이든 정신분석학(프로이트)이든 모두가 인간의 정이 악으로 흐르거나 혹은 비정상화될 소지를 갖고 있음을 인정하는 셈이 된다. 그렇기 때문에 성리학에서는 수양이 강조될 수밖에 없고 정신분석학에서는 비정상을 정상화하는 치료적 의미가 강조되고 있는 것이다.

앞서 설명한 바와 같이 자아이상이란 원초적 자기도취의 상태로 돌아가고자 하는 욕망으로서 '기쁨의 원리'를 찾는 심리적 현상이다. 그리고 초자아란 오이디푸스 콤플렉스(Oedipus Complex)를 통해 형성된 '현실의 논리'를 따르려는 심리적 현상이다. 따라서 매순간 인간의 감성 표출은 이 두 가지 요소, 즉 자아이상과 초자아의 갈등 속에서 선

---

24) '자아이상'과 '초자아'의 관계에 대해서는 *The Ego Ideal, Ideology, and Hallucination*, 46~50쪽에 나름대로 설명되어 있다. 또한 졸저『문명비판 II — 한국인의 잠재의식과 정치병리』(명상, 2000), 45~57쪽 참조

택되어 나타난다. 그런데 자아이상은 현실적 의미를 느끼기 전에 이미 형성되어 있는 인간 심리의 본질적 요소이기 때문에 초자아에 비해 한층 강하게 표출된다. 따라서 오이디푸스 콤플렉스를 통해 형성된 초자아의 요소는 비록 자아이상을 억제시키는 역할을 하고는 있지만 자아이상을 완전히 제압하지는 못한다. 마치 리가 기를 완전히 관리하기 어려운 것과 같다. 설령 초자아가 자아이상을 억제하였다 하더라도 자아이상은 형식적으로만 억제당할 뿐이어서, 그 억제에 대한 불만은 표출되지 않은 채 마음 밑바닥에 자리하고 있다가 때때로 다시 분출되기도 한다. 더 나아가 자아이상은 초자아를 완전히 집어삼켜 버릴 수도 있다. 그리하여 현실의 논리를 조금도 인정치 않게 되는 것이다. 이것이 바로 '미침'의 한 경우이다.

  이야기가 여기까지 진전되었으니 자아이상의 중요한 역할 가운데 하나를 더 살펴보기로 하자. 그것은 바로 환상을 만드는 역할이다. 영문으로 'Illusion' 혹은 'Hallucination'이 '환상'이란 말에 해당한다. 이 밖에 'Delusion'이라는 말이 있는데 우리말로는 '망상'쯤으로 번역될 수 있을 것이다. 환상은 망상에 비해 실현가능성이 조금 더 있음을 의미하는 것이라고 말할 수도 있으나, 현실성 여부의 판단 자체가 객관성이 없는 한 결국 환상과 망상의 구별은 별다른 의미가 없다. 아무튼 자아이상은 이러한 환상성을 동반하기도 하는데, 즉 초자아에 의해 현실에서 억제 당할 때 자아이상은 마음의 밑바닥으로 들어가 숨어 있게 되기도 하지만 어떤 경우는 현실이 아닌 환상을 통해 초자아의 억제를 벗어나려 한다는 것이다. 일본의 정신분석학자 기시다 슈(岸田秀) 같은 경우는 인간이 추구하는 모든 행동의 환상성을 강조하면서 소위 유환론唯幻論을 주장하기도 한다.25) 이것은 바로 자아이상이야말로 초자아의 억제에도 불구하고 인간이 추구하는 원초적 욕망의 기본이 된다는 것을 강조하는 것이라고 할 수 있다.

초자아의 역할에도 불구하고 자아이상이 환상을 통해 기쁨 추구의 원리를 충족하려고 한다는 말은 다음과 같은 예로써 설명될 수 있다. 현실적으로 사랑해서는 안 될 사람을 사랑하는 경우 초자아는 분명히 그 사랑의 욕망을 억제시킨다. 그래서 그 사랑을 이루고 싶은 자아이상도 일면 초자아에 승복한다. 그러나 자아이상은 꿈속에서 그 사랑을 이룸으로써 초자아의 억제를 환상을 통해 극복하려고 한다. 이처럼 프로이트에게 있어서 꿈이란 자아이상의 환상적 추구 논리도 일부 포함하고 있다.

한편 자아이상은 승화(Sublimation)라는 방법으로 초자아의 억제를 벗어나기도 한다. 현실적으로 사랑할 수 없는 사람을 사랑했다가 결국 그 사랑을 이루지 못하게 되었을 때, 자아이상이 다른 방향에서 그 상처의 치료를 모색하는 경우가 있다고 치자. 정신분석학에서는 이것을 소위 승화라는 개념으로 설명하고 있다. 사람에 따라서는 이루지 못한 사랑의 상처를 현실 속에서 인정받을 수 있는 다른 가치에 대한 열정으로 전환시키는 수도 있는데, 이것이 바로 승화이다. 승화는 언뜻 보면 초자아에 완전히 승복된 것처럼 보이지만, 실제로는 초자아에 승복한 것이 아니라 자아이상 속에서 더욱 성숙된 모습으로 그 욕망을 풀어 가는 것이다. 신프로이트 학파에 속한다고 볼 수 있는 프랑크푸르트 학파의 마르쿠제(Herberd Marcuse)는 『사랑과 문명』(*Eros and Civilization*)이란 저술에서 이 사회가 제대로 행복할 수 있게 되기 위해

---

25) 岸田秀, 『게으름뱅이의 정신분석』 I · II (우극형 옮김, 깊은 샘, 1995) 참조.

서는 성적 욕망(Sexuality)을 정신적 사랑(Eros)으로 바꾸어 가는 승화의 노력이 필요함을 역설하였다.[26] 못 이룬 사랑을 슬퍼할 것이 아니라 그 사랑을 아름다운 추억 그리고 플라톤적인 사랑(Platonic Eros)으로 변화시켜야 한다는 것이다. 물론 이러한 승화의 이론은 학계에 많은 논란을 불러일으켜서, 일부 정신분석학자들은 인간의 심리 상태에서는 순수한 승화가 불가능하다고 주장하기도 한다.

이야기가 진전될수록 점점 정신분석학적인 논리가 깊어지고 있는데 마지막으로 자아이상의 역할 가운데 '창조성'에 대해 말하지 않을 수 없다. 자아이상은 분명 기쁨의 원리를 추구하는 요소이다. 이에 대해 초자아의 적절한 억제가 가해짐으로써 현실적으로는 절도를 찾게 되고 정상적인 행동이 형성될 수 있다. 그렇다면 초자아의 적절한 억제만이 과연 가장 이상적인 것인가? 여기에서 철학적인 모순이 발생한다. 현실의 논리만을 추구한다면 기존의 현실은 바꾸어질 수 없다. 즉 혁명이란 것이 불가능하게 되는 것이다. 따라서 자아이상이 초자아의 억제를 벗어난다고 해서 모두가 비정상으로만 가는 것은 아니다. 때로는 새로운 창조를 이루어 낼 수도 있는 것이다. 예를 들어 로켓이 나오기 전까지는 달나라에 가고자 하는 자아이상은 분명 망상에 지나지 않는 '미친' 생각일 수 있었다. 그러나 그것은 이제 충분히 현실화되었다고 할 수 있으니, 어떤 망상이 어느 순간 정상이 되고 오늘의 정상이 내일의 망상이 될 수도 있다. 토마스 쿤(Thomas Kuhn)이 『과학혁명의 구조』(The Structure of Scientific Revolution)에서 밝힌 "오늘의 신화가 내일의 과학이 될 수 있고, 오늘의 과학이 내일의 신화가 될 수 있다"[27]는 논리와 같은 것이다.

---

26) Herbert Marcuse, *Eros and Civilization* (Beacon Press, 1966).

프랑스의 샤스귀에르 스미젤(Janine Chasseguert-Smirgel)은 『자아이상』 (*The Ego Ideal*)이라는 저서에서 자아이상의 발전 방향에 대한 매우 재미있는 이론을 제시하고 있다. '점진적 방향'(Evolutionary Route)과 '최단 방향'(The Shortest Route)이라는 두 개의 발전 방향이 그것이다.

샤스귀에르 스미젤에 따르면 인간의 모든 행동은 초자아와 자아이상의 갈등 관계 속에서 나타난다. 그리고 그러한 갈등 관계 속에서 나타나는 자아이상의 발전 방향은 앞에서 말한 두 가지 길 중의 어느 하나를 택하게 된다. '점진적 방향'이란 자아이상과 초자아가 적절히 타협하는 경우, 즉 자아이상이 초자아의 억제를 받아들이는 경우이다. 이러한 경우라면 현실의 원리를 추구하는 매우 정상적인 행위가 나오게 된다. '최단 방향'이란 자아이상이 초자아의 억제를 전혀 받아들이지 않고 초자아 자체를 삼켜 버리는 경우이다. 여기에는 다시 두 개의 세부적 길이 상정되는데, 하나는 초자아를 퇴행적으로 삼키는 것이요 다른 하나는 초자아를 진보적으로(혹은 발전적으로) 삼키는 것이다. 자아이상이 퇴행적으로 초자아를 삼키는 것은 바로 '미침'을 야기하는 경우로 연결되며, 진보적으로 초자아를 삼킬 때에는 자아이상의 승화나 창조성이 두드러지게 나타난다. 하지만 이런 두 가지 방향을 설명한 샤스귀에르 스미젤 역시, 초자아는 자아이상을 완전히 삼킬 수 없지만 자아이상은 초자아를 완전히 삼킬 수 있다고 주장함으로써 자아이상의 강함과 초자아의 약함을 강조하고 있다.[28]

그런데 초자아는 순간적으로 자아이상보다 강해지기도 한다. 실제로 우리는 현실의 논리가 아주 강하게 작용되는 행위들이나 현실의

---

27) Thomas Kuhn, *The Structure of Scientific Revolution* (University of Chicago Press, 1970).
28) Janine Chasseguert-Smirgel, *The Ego Ideal* (W. W. Norton & Co., 1975),

논리를 아무런 문제 없이 받아들이는 경향들을 종종 볼 수 있다. 리약기강을 주장한 기대승에게 있어서도 사단의 경우에는 리가 기를 억제하는 것을 의미하기에 리강기약의 의미를 지닌다. 만약 모든 경우에 리약기강이 적용된다면 인간의 선한 행동은 기대하기 어려울 것이다.29) 결국 기대승이 리약기강을 말할 때에는 현실에서의 기는 리보다 '근본적으로' 강하다는 것을 의미한다고 하겠다. 마치 정신분석학에서 자아이상이 초자아보다 근본적으로 강한 것처럼……

이렇게 리와 기의 관계를 초자아와 자아이상의 관계와 연결시켜서 생각해 보면 성리학적 해석과 정신분석학적 해석에 차이가 없음을 알 수 있다. 다만 한 가지 사족을 덧붙인다면, 이 경우 리와 기는 선과 악으로 연결되는 하나의 심적 동인으로서의 의미로 국한되어야 한다는 것이다. 정신분석학에서의 자아이상과 초자아의 본질적 의미가 모두 리와 기로 비교될 수 있는 것은 아니기 때문이다. 오직 심리 작용에 있어서 선을 따르려는 요소를 리의 역할로 보고 육체의 욕망만을 따르려는 것을 기의 역할 중의 한 부분으로 볼 때에만, 현실의 도덕률을 추구하려는 '초자아' 및 기쁨의 원리를 추구하려는 '자아이상'과의 비교가 가능할 수 있을 것이다.

성리학에서 리는 인간 마음의 본질인 성이며, 기는 외물과의 접촉에 따라 정을 생성시킨다. 물론 리와 기는 동전의 양면과 같아서, 정의 발현 이전 상태를 성이라고 말하는 순간 성과 정의 본질적 구별은 불가능하다. 그러나 리는 분명 서양 고대 철학에서 논의되는 플라톤

---

29) 이를 근거로 황의동은 기대승의 사단칠정론을 이해하는 데 있어서는 '理强氣弱'이 성립될 수 있다고 말한다. 매우 의미 있는 지적이라고 생각된다.(황의동, 「高峯의 性理學과 栗谷의 性理學」, 『高峯學論叢』, 414쪽 참조)

의 '이데아' 혹은 아리스토텔레스의 '에이도스'요, 기는 '힐레'인 것이다. 이에 비해 프로이트의 초자아는 성리학의 리인 성이 아니라 후천적으로 얻어지는 현실적 생존 논리이며, 오히려 자아이상이 본질적인 성과 연결성을 더 가지고 있다. 그런데 기대승의 주기론主氣論적 혹은 주정론主情論적 입장은 어떤 면에서 기 자체가 바로 인간의 성이 된다는 임성주의 사상과도 이어진다고 할 수 있다. 이렇게 인간의 본성을 기로 보는 한, 프로이트의 자아이상을 기로 연결시키고 선으로 돌아가려는 욕망 즉 리를 현실의 도덕률을 따르려는 초자아와 연결시키는 것도 큰 무리는 아닐 것이다.

6. '이발의 두 단계'와 '무의식', 그리고 이이의 '의' 개념

프로이트의 업적 중 가장 큰 성과를 말하라고 한다면 두말할 것도 없이 '무의식'의 문제를 체계적으로 다루었다는 점이다. 그 이전의 모든 철학자들은 우리가 주체적으로 인식할 수 있는 것만을 인정했을 뿐 우리가 인식하지 못하는 마음 내부의 무의식적 요소가 따로 존재한다고는 생각하지 않았다. 이러한 상황에서 프로이트가 지적한 '무의식'의 개념 즉 '우리 자신도 알지 못하는 마음의 어떤 작용'은 인간 심성의 연구에 새로운 방향을 제시하게 된다. 프로이트 이후 정신분석학은 인간의 모든 감성 표현이나 성격을 '무의식'의 동적 양상에서 찾아 규명하려 했던 것이다.

정신분석학에서 논의하는 무의식은, 프로이트의 초기 연구에 따르면 앞서 지적한 바와 같이 그리스어 '이드'(Id)로 표현된다. '그것'(It)

을 의미하는 '이드'라는 그 무엇이 우리의 마음 깊숙이 자리하고 있으며, 이것이야말로 우리도 알지 못하는 무의식의 덩어리라는 것이다. 그러면 이 무의식은 어떻게 형성되는가?

앞서 대상관계 이론(Object Relation Theory)의 설명에서 본 바와 같이 환경이 자아에 미치는 '내사'(Introjection)와 자아가 환경을 향해 쏘아대는 '투사'(Projection)의 상호 작용에 따라 무의식이 형성된다는 것은 현대 정신분석학의 일반적 동의 사항이다. 그런데 여기에서 한 번 짚고 넘어가야 할 문제가 있다. 무의식의 형성 과정에 있어서 과연 어떤 요소가 무의식으로서 마음 바닥에 찌꺼기로 남게 되는가?

이 질문에 답하기 위해서는 프로이트가 언급한, '문명 속에서 억압받은 감성'(Repressed Desire in the Civilization)이 바로 무의식이라는 내용을 음미해 볼 필요가 있다. 필자는 미국 유학 시절 위와 같은 질문을 지도 교수였던 제임스 글래스(James Glass) 교수에게 수없이 했었는데, 그 또한 매번 '무의식이란 억압받은 감성'이라고 거침없이 답해 주었다. 그럼 문명 속에서 억압받은 감성이란 무엇인가? 그것은 설명이 필요 없을 정도로 명백하다. 억압받은 감성이란, 자아는 원하지만 그것을 표출했다가는 어떤 문명의 도덕률이나 전통과 상충하여 문제를 일으킬 수도 있기에 표출이 보류된 감정일 것이다.

이러한 억압받은 감성들은 한 문명의 특성, 혹은 자아를 둘러싼 사회적 전통의 성질에 따라 각양각색이기 때문에 구체적으로 어떠한 것들이라고 일반화시켜 설명할 수는 없다. 그렇기에 한국에서 터부시되는 감정 표출이 다른 문화권에서는 용인될 수도 있는 것이다. 또한 자신을 둘러싸고 있는 사회에 대한 개별적 자아의 인식의 차이에 따라서도 그 억압받은 감성의 내용은 각양각색이다. 다시 말하면, 동일한 사항에 대해서도 '이 정도는 표출할 수도 있는 것 아니냐', '이 정도라면 표출해서는 안 된다' 하는 식으로 개인차에 따라 자기판단의 결과가 다르게 나타나고, 그에 따라 억압받은 감성의 내용이 각기 다를 수밖에 없다는 것이다. 그러나 분명한 것은 인간이면 누구나 문명 속에서 억압받은 감성이 없을 수 없으며, 이것이 바로 인간과 문명의 관계인 것이다. 프로이트의 저 유명한『문명과 그 불만족』에서는 이러한 관계를 잘 설명해 주고 있다.

대체로 어떤 충격 혹은 불만족의 순간은 의식 속에 남아 기억될 수 있지만 우리는 어떻게 그것이 억압된 감성으로서의 무의식을 형성해서 평생 동안 자신의 행동에 작용하게 되는지를 모르는 경우가 더 많다. 또 충격 혹은 불만족의 순간을 이미 잊어버렸음에도 그것이 마음의 바닥에 찌꺼기로 남아 자신도 모르는 사이에 행동에 영향을 주는 경우도 허다하다. 이러한 모든 경우를 통틀어 무의식의 작용이라 하는 것이고, 그 근원은 문명 속에서 표출이 억압당한 감성의 덩어리에 근거한다고 해석되는 것이다.

위와 같은 프로이트적인, 혹은 정신분석학적인 '무의식'의 개념을 염두에 둔다면 우리는 기대승의 심성론에서는 무의식에 비교될 만한 내용을 찾아볼 수 없다. 그러나 여기서 성리학의 일반 개념 가운데 하나인 '미발未發'과 '이발已發'에 대한 기대승의 이해는 분명하게 살펴볼 필요가 있다.

앞서 논의한 바와 같이 인간의 구체적인 감성이 표출되기 이전의 심적 상태를 기대승은 성이라고 규정하였다. 따라서 그에게 있어서 성은 심의 미발 상태이며, 외물이 마음에 감동을 주어 이에 감응해서 표출된 정은 바로 심의 이발 상태이다. 이 때 미발未發이란 아직 감성이 존재하지 않는 백지의 상태이므로 무의식의 상태는 아니다. 왜냐하면 프로이트의 무의식은 문명 속에서 억압받은 감성이 현실로 표출되지 않는 상태이기 때문이다. 그리고 이발已發에는 두 단계가 있는데, 그 첫 단계는 외물과 자아의 관계 속에서 내사와 투사를 통해 감성이 형성되는 과정이요, 두 번째 단계는 본인이 알든 모르든 어떤 감성이 문명의 억압에 의해 마음의 바닥에 찌꺼기로 남거나 혹은 바깥으로 표출되는 과정이다. 이발의 두 단계를 확인할 수 있는 기대승의 설명을 보자.

기대승은 외물에 감응하여 발하는 심이 곧 정이라고 말한 다음, 발하여 절도에 맞으면 선이 되고 절도에 맞지 않으면 악이 된다고 전제하면서 절도에 맞도록 하기 위한 경敬의 개념을 도입하였다. 이런 설명은 일단 정이 발하는 것은 본인의 마음에서 나타나는 현상이며, 이것이 행동으로 옮겨지는 단계에서 경의 작동이 필요함을 암시하고 있다. 즉 이발의 경우 속에는 발하여 그대로 있느냐, 아니면 바깥으로 표출되느냐 하는 두 단계의 의미가 포함되어 있다는 뜻이다.

물론 기대승이 이발已發의 상태를 필자의 해석처럼 구별해서 설명한 흔적은 어디에도 없다. 또한 경敬의 작용에 의해 억압받은 정이 마음의 밑바닥에 찌꺼기로 계속 남아 있을 수 있다는 언급을 한 적도 없다. 단지 그는 경의 작동을 통해 문명이 요구하지 않는, 즉 도덕이 허락지 않는 감성을 없애야 한다고 믿었고, 이것을 없애지 못한 사람은 악을 범하는 사람이라는 뉘앙스만을 남겼을 뿐이다. 정신분석학적으로 볼 때 한마디로 감정의 승화(Sublimation)를 요구한 것이다.

그렇다면 '이발'의 의미를 나름대로 해석하여 두 단계 구별을 지운 것을 보고, 일부는 필자가 기대승과 프로이트를 연결시키기 위해

지나치게 확대해석한 것이 아닌가 하는 우려를 표명할 수도 있을 것이다. 확실히 이것은 확대해석일는지도 모른다. 그러나 필자는 기대승의 '칠포사七包四' 이론을 인정했던 이이에게서 획기적인 내용을 하나 찾아낼 수 있었다. 그렇기에 소위 조선 성리학의 '이발' 문제를 앞에서와 같이 확대해석하게 된 것이다. 필자가 발견한 내용은 곧 '의意'라는 개념이다.

이이는 47세 때 쓴 「인심도심도설人心道心圖說」에서 심·성·정의 개념을 구체적으로 설명하고 있는데, 여기서 그는 기대승의 입장에 전적으로 동의하면서 '의意'라는 새로운 개념을 도입하여 심의 이발已發 상태를 한층 분명하게 설명한다. 이이는 "심의 미발인 성과 심의 이발인 정과 이발 후 계교計較되어진 의가 모두 심이다"[30]라고 말하고 있다. 또한 그는 "정이 동한 후 정에 비롯되어 계교한 것이 의이다.…… 심의 미발은 성이요 이발은 정이며 정이 발한 후에 상량商量하는 것이 의이다"[31]라고 분명하게 말한다.

필자는 의意 개념에 대한 이이의 설명을 읽고 너무나 놀라웠다. 이이의 의意는 바로 프로이트의 '의식'을 의미하는 것이었다. 프로이트에게 있어서도 정이 발한 후에 계교상량計較商量한 것은 곧 의식이 된다. 그렇다! 자기의 감정을 문명 속에서 나름대로 계산하여 표출해

---

30) 『栗谷全書』, 권9, 「書一」, "心爲情意之主, 故未發已發及其計較, 皆可謂之心也."
31) 같은 책, 권14, 「雜記」, "情動後緣情計較者爲意.……心之未發爲性, 已發爲情, 發後商量爲意." 이이는 『聖學輯要』(『栗谷全書』, 권21)에서 "情志意, 皆一心之用也"라고 하여 '意' 외에 또 '志'라는 개념을 사용하고 있는데, 필자는 이 때의 '志'를 마음의 어떤 '의지' 또는 '목표'로 해석하고 싶다. 마음에 어떤 목표가 있음으로 해서 '意'의 역할 즉 계교·상량이 존재할 수 있다고 보면, '志'와 '意'는 같은 의식의 범주에 속하는 것이라고 볼 수 있다. 이이의 情·性·意에 관해서는 황의동, 「高峯의 性理學과 栗谷의 性理學」, 『高峯學論叢』, 406~409쪽 참조

낸 것이 바로 의식이다. 그러면 발현은 되었으나 계교상량을 거쳐서 행동으로 나타나지 않는 정이 분명히 있게 되는데, 이것이 곧 프로이트의 무의식이 아니겠는가? 물론 이이는 무의식이란 말을 쓰지도 않았고 계교상량을 통하여 표출되지 않는 정을 별도로 다루지도 않았다. 그러나 앞의 기대승의 경우처럼 이이의 이발已發 개념도 두 개로 쪼개어 설명하는 것이 가능하다. 발發 그 자체와, 발한 후의 계교상량을 통한 의意의 단계가 바로 그것이다.

줄곧 살펴왔듯이 기대승과 이이는 프로이트와 같은 무의식을 논하지 않았다. 그러나 정이 발한 상태에서의 두 단계, 특히 이이에게 있어서의 의意의 개념은 분명 의가 되지 않는 정의 경계가 있음을 암시하고 있다. 그러므로 굳이 말한다면 정이 발한 후 의가 되지 않는 부분 또는 계교상량 후 접어두고 표현되지 않는 부분이 바로 무의식이 되지 않겠는가!

7. 인간 심리의 구조도

조선의 성리학자들은 우주의 원리나 인간의 심성과 같은 난해한 내용들을 그림을 통해 나름대로 알기 쉽게 설명하고자 노력해 왔다. 실제로 이황과 기대승의 사칠 논변의 단서가 된 것도 정지운의 '천명도'였다. 그렇다면 우리도 여러 이론들에 나타난 심리 구조를 개괄하여 도표로 정리함으로써 지금까지 논의해 온 여러 가지 문제를 체계적으로 정리해 볼 필요가 있을 것이다.

우선 이황의 심성에 관한 논의를 도표로 설명한다면 다음과 같다.

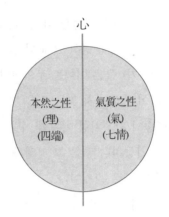

心

本然之性
(理)
(四端)

氣質之性
(氣)
(七情)

이 그림은 인간의 마음에 있는 리와 기, 성 등을 그 '주主가 되는' 바에 따라 표현해 본 것이다. 인간의 마음에는 리를 주체로 하는 본연지성과 기를 주체로 하는 기질지성이 양존한다. 그리고 본연지성은 사단으로 발현되며 기질지성은 칠정으로 발현된다. 그런즉 사단의 소종래는 본연지성이 되고 칠정의 소종래는 기질지성이 되는 것이다.

이에 반해 기대승의 심리 구조는 이황과는 엄연히 다르다. 그에게 있어서는 심의 미발이 성이요 이발이 정이니, 이 문제만을 가지고 심리 구조를 그린다면 다음과 같이 표현될 수 있다.

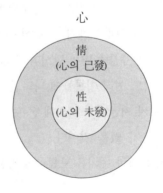

心

情
(心의 已發)

性
(心의 未發)

이 때 성은 모든 감성이 표현되기 이전의 상태인데 이러한 상태를 '중中'이라 부른다. 그리고 그것이 외물과의 접촉에 따라 감응됨으로써 정으로 나타나게 되는데, 이 정은 사단과 칠정을 다 포함하고 있다. 구체적으로 기대승이 주장한 심리 구조(혹은 심리 현상)를 단계별로 표현해 보면 다음과 같다.

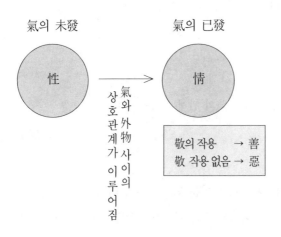

기대승의 심리 구조와 연결시켜 보면 이이의 심리 구조는 다음과 같이 표시될 수 있다.

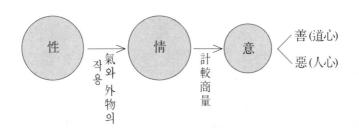

이는 기대승에게 있어서 기의 이발已發 상태인 '정'에 계교상량하는 '의意'의 부분이 별도로 삽입된 것이다. 때문에 의가 행해지지 않은 정은 무의식적 요소로 표현될 수 있을 것이다.

정약용의 심리 구조는 이이의 도심인심론과 흡사하지만, 그는 보다 구체적으로 아예 인간의 성 속에 도심과 인심이 양립함을 강조하였으니 그것은 다음과 같이 표현될 수 있다.

그러면 주기론의 극치를 이룬 임성주의 심리 구조는 어떻게 표현될 수 있을까? 아마 다음의 그림과 같이 설명될 수 있을 것이다.

그렇다면 프로이트의 심리 구조는 어떠한가? 프로이트의 심리 구조는 본능 이론을 근거로 할 때 다음과 같은 그림으로 설명될 수 있다.

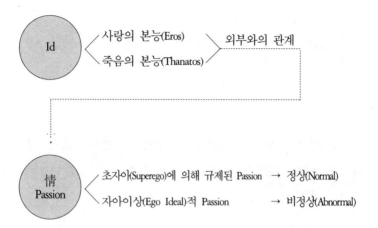

프로이트의 본능 이론에 반기를 든 신프로이트(Neo-Freudian)적 이론, 즉 대인정신분석학(Interpersonal Psychoanalysis)의 입장은 다음과 같이 표현된다.

여기에 자아이상과 초자아의 역할을 집어넣는다면 다음과 같이 표현될 수 있을 것이다.

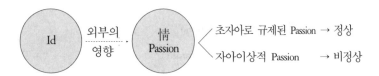

마지막으로 대인정신분석학이 외부의 영향만을 강조했다고 하여 다시 반기를 든 대상관계 이론(Object Relation Theory)을 보면 다음과 같은 도식이 가능하다.

물론 프로이트 이론이나 대인정신분석 이론, 대상관계 이론 등에서 논하는 심리 구조는 무의식과 의식의 부분을 포함한 것이다. 이들 이론은 우리의 감성의 대부분이 문명 속에서 억압받은 무의식적 요소이며, 극히 일부가 의식의 부분으로 나온다는 것을 공히 인정하고 있다. 이에 비해 성리학에서는 무의식적인 면은 논의하지 않는다. 그러나 이러한 차이점만을 제외하고 보면, 특별한 설명을 덧붙이지 않는

다 하더라도 조선 성리학 이론 가운데 기대승 이래 정을 강조한 입장에서의 심리 구조와 정신분석학에서의 심리 구조 사이에 존재하는 유사성을 짐작할 수 있을 것이다. 특히 정신분석학에서의 이드(Id)를 주기적 성리학에서의 성으로 이해한다면 그 비교가 더욱 쉬워지리라 믿는다.

제5장 기대승과 프로이트의 한계

1. 기대승 — 우주론과 인성론의 상충 및 논지의 모호함

기대승의 칠포사七包四 이론이 당시 조선 성리학에 엄청난 파문을 던진 것은 사실이었다. 그러나 리와 기라는 개념을 가지고 논리를 전개하는 이상 이 칠포사론은 스스로 몇 가지의 한계점을 드러낼 수밖에 없었으니 이를 한번 논해 볼 필요는 분명히 있다. 이러한 작업은 주자학에서 논의된 리와 기의 문제를 다시 조명해 보는 일인 동시에, 우주론과 인성론에 공히 리와 기의 개념을 적용시킬 수 있는가 하는 질문에 대한 일련의 해답을 구하는 일이라고도 생각된다.

주지하는 바와 같이 이 세상 모든 만물들은 리와 기로 형성되어 있다는 것이 주자학의 근본 입장이다. 따라서 인간성을 논함에 있어서도 리와 기의 개념을 도입할 수밖에 없었던 것이 조선의 성리학이었다. 이러한 근본적 바탕 위에서 기대승은 사단이든 칠정이든 그 소종래所從來는 하나일 수밖에 없으며 기가 함께하지 않는 리만의 사단은 인정될 수 없다는 논리를 전개함으로써 기 중심적 심성 해석의 단초를 열었다. 그런데 이건 또 웬일인가? 우주를 논하는 태극설太極

說에 있어서는 기대승이 리와 기의 개념을 인간성 이해에서처럼 사용하지 않았음이 발견된다.

1558년 과거에 응시하고자 서울로 향하던 기대승은 도중에 전북 태인에 들러 이항李恒을 만나서 함께 「태극도설太極圖說」을 논하고, 그 해 11월 과거를 마치고 귀향하는 길에 다시 이항을 방문하여 논의를 계속한다. 이후 기대승은 이항에게 다음과 같이 자신의 의사를 밝힌다.

> 그러나 당시에 서로 강구한 것에는 각자 설說이 있었습니다. 태극을 리·기를 겸하여 말한 것이라고 한 것은 선생의 뜻이었고, 저의 의견은 천지만물의 이치를 들어 태극이라고 이름한 것이고 보면 이른바 태극이란 다만 리일 뿐이고 기에 간섭干涉되지 않는 것이라는 것이었습니다. 종일토록 쟁변爭辨하여 여러 가지로 반복 논의하였으나 그 요체는 거기에서 벗어나지 않았고, 겨울에 다시 배알하여 서로 변론·힐문詰問한 것도 전일의 논한 바에 불과하였습니다. 이 두 설이 비록 각각 주장하는 바가 있기는 하지만, 선현들의 말씀에서 증명하여 돌이켜 구한다면 어찌 자상하고도 분명하지 않겠습니까?[1]

이 말을 되새겨 보면, 이항은 태극이 리와 기를 겸하였다고 보았으며 기대승은 태극이 곧 리이며 기를 겸하지 않는다고 보았음을 알 수 있다. 그리하여 기대승은 대체로 "리는 기의 주재主宰요, 기는 리의 재료"라는 대명제를 선언하고 있다. 이러한 기대승의 설에 대해 이항은 다음과 같이 자기 주장을 편다.

---

1) 「答一齋書」(일재에게 답함), 『국역 고봉집』 III, 26쪽.

근자에 김군金君 종용從龍(김인후)이 나를 찾아와 말하기를, "기정자奇 正字(기대승)는 '태극은 음양과 섞어서 말한 것이 아니다' 하고 또 '『주 역周易』에서는 태극이 양의兩儀를 낳았다 하였으니, 여기서도 태극이 음양에 섞이지 않았음을 알 수 있다' 하였다"라고 했습니다.

그러나 나의 생각에 '태극도' 중에 이른바 "음양에 섞이지 않았다"고 한 것은, 그 위의 일권─圈은 태극의 본체를 도출挑出해서 말한 것으로 서 바로 리만을 말하고 기는 말하지 않은 것이기 때문에 해석하기를 "음양에 나아가서 그 본체가 음양에 섞이지 않은 것을 가리켜 말하였 다" 하였고, 그 밑의 일권은 리와 기를 겸하여 말한 것으로서 바로 태극의 전체대용全體大用이 갖추어지지 않음이 없는 것을 가리켜 말 한 것이기 때문에 해석하기를 "음양은 하나의 태극이니 정조精粗·본 말本末에 피차기 없는 것이다"라고 하였다고 여겨집니다. 그런네 공 은 상권의 리理와 하권의 도道를 분별하지 않고서 통틀어 태극은 음양 에 섞이지 않은 것이라고 하니, 어쩌면 그리 잘못 보았단 말입니까? 또 『주역』에 "태극이 양의를 낳는다"고 하였으나, 양의를 낳기 전에는 양의가 어디에 있으며 이미 양의를 낳은 뒤에는 태극의 이치가 또한 어디에 있겠습니까? 이 가운데서 밝게 분별하고 깊이 생각한다면 거 의 리와 기가 혼연한 일물─物이라는 것을 알게 될 것입니다. 나의 생각에는 태극이 양의를 낳기 전에는 양의가 본디 태극 속에 있고 태 극이 이미 양의를 낳은 뒤에는 태극의 이치가 또한 양의 속에 있다고 여겨집니다. 그렇다면 양의가 나오기 전이나 이미 나온 뒤에도 진실 로 태극에서 떠나지 않는 것입니다. 만약 태극과 양의가 서로 떨어진 다면 물은 있을 수 없을 것입니다(相離則無物). 아, 도를 아는 자가 아니 면 누가 이를 알 수 있겠습니까? 내가 말한 "서로 떠나면 물이 없다"(相 離則無物)고 한 다섯 자를 부디 범연히 보지 말기 바랍니다.[2]

---

2) 「贈奇正字」(기정자에게 줌), 『국역 고봉집』 III, 21~22쪽.

매우 긴 문장이지만 요약하는 것보다 그대로 인용하는 것이 논의를 한층 명백히 하겠기에 이처럼 이항의 주장을 늘어놓아 보았다. 이항의 주장에 따르면, 「태극도설」을 해석하는 데 있어서 자신은 하일권下一圈에 의거하고 기대승은 상일권上一圈에 치중하였는데, 태극과 음양은 혼연일체로서 리와 기가 혼연한 일물이 되어 태극은 음양 중에 존재하고 음양은 태극 중에 존재하는 것이라고 한다.

이러한 이항의 주장은 앞서의 기대승의 사단칠정 해석과 어떤 차이가 있는가? 앞서 누누이 설명한 바와 같이 기대승은 사단 또한 리와 기가 함께하는 정일 수밖에 없다고 하였다. 리와 기가 따로 떨어져 있을 수는 없다는 것이다. 그렇기 때문에 그는 사단에도 선과 악이 있을 수 있다고 하지 않았던가! 기대승이 사단 자체도 칠정과 마찬가지로 리기의 혼합체인 정임을 강조한 것은 곧 인성이란 그 소종래를 달리하여 리와 기로 나누어질 수 없는 것임을 지적한 말이다. 때문에 그는 인성을 리와 기로 나누어 설명하는 이황을 비판하게 되었던 것이다. 이러한 인성론을 태극설에 접목시킨다면 기대승은 당연히 이항과 마찬가지로 리인 태극도 기인 음양 속에 있고 기인 음양도 리인 태극 속에 있다고 해야 할 것이다. 그러나 기대승은 이항의 '태극음양혼연일체설'에 절대로 동의하지 않으면서 다음과 같은 주장을 펴 나간다.(<太極圖> 참조)

보내신 글에 "태극도 중의 상일권은 오로지 리만을 말하고 기를 말하지 않는 것이며, 하일권은 리기를 겸하여 말한 것이다" 하신 말씀은 모두 옳지 않습니다. 지금 도체圖體를 보면 맨 위 상일권은 바로 이른바 태극입니다. 하일권은 이른바 음양의 동정動靜으로서, 그 속의 소권小圈은 바로 태극의 본체이며 이른 바 음양에 나아가 그 본체를 가리킨 것이지 음양에 섞어서 말한 것이 아닙니다. 음의 정靜은 바로 태극의 체體가 되는 소이이고, 양의 동動은 바로 태극의 용用이 행해지는 소이입니다. 그러나 태극이 음양으로 체·용을 삼는 것은 아니고 다만 태극의 체·용이 음양을 인한 뒤에 드러나는 것일 뿐입니다. 대개 태극은 형상이 없고, 음양은 기가 있기 때문에 유행하는 사이에 이와 같지 않을 수 없는 것입니다.

또 그 다음은 양이 변하고 음이 합하여 수水·화火·금金·목木·토土를 내는데, 오행이 각각 하나의 권으로 되어 있는 것은 이른바 각각 하나의 성을 가졌다는 것입니다. 각각 하나의 성을 가졌다면 혼연한 태극의 전체가 각각 한 물건 속에 갖추어져 있지 않음이 없습니다. 그 밑의 소권小圈은 이른바 무극無極으로서 이오二五(음양과 오행)가 묘합하여 엉겼다는 것이며, 또 그 다음 일권은 이른바 건의 도가 남자를 이루고(乾道成男) 곤의 도가 여자

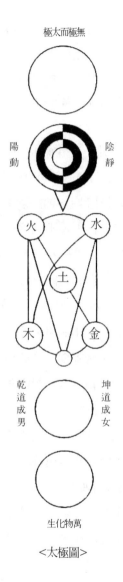

<太極圖>

를 이룬다(坤道成女)는 것으로서 기화氣化를 가지고 남녀男女가 각각 하나의 태극임을 말한 것입니다. 가장 밑의 일권은 이른바 만물이 화

생하는 것으로서 형화形化를 가지고 만물이 각각 하나의 태극임을 말한 것입니다.

이것은 모두 그 도상圖象의 설에 이미 분명히 나와 있습니다만, 그 이치를 묵계默契하는 것은 사람에게 달렸을 뿐입니다.[3)]

위의 답서에서 기대승은, 태극과 음양은 결코 섞일 수 없는 별개의 것임을 강조하면서 상일권은 순수한 태극 그것이요, 바로 아래는 음동양정陰動陽靜 중에 따로 존재하는 태극의 본체이며, 그 다음은 각각의 성 속에 존재하는 태극이고, 그 아래는 남녀의 태극, 그리고 맨 밑은 만물이 구유한 각기 다른 태극이라는 주장을 함으로써 태극은 어디까지나 태극 그 자체임을 역설하고 있다. 이 말은 결국 리라는 것은 리 그 자체로 존재한다는 것과 같은 뜻이다. 이 태극설을 그의 심성 해석과 비교해서 살펴보면 몇 가지 모순이 발견된다.

우선 무엇보다도 이러한 기대승의 태극설은 그의 심성론과 크게 대치되고 만다. 기대승은 조선의 성리학자들이 대개 그랬듯이 리와 기의 문제를 성과 정의 설명에까지 끌어들였다. 그에 따르면 성은 리요 정은 기가 발함으로써 생기는 것인데, 심의 미발이 성이요 심의 이발이 정이라고 한 그의 심성론에서는 리와 기의 경계가 실로 애매하게 되어 버린다. 그러면 그는 왜 태극설에 있어서는 리로서의 태극을 기로 설명되는 음양과 확연히 분리해서 말했을까? 이 질문에 답하기 위해서는 이황에게 말한 다음의 한 구절을 돌이켜볼 필요가 있다.

---

3) 「答一齋書」, 『국역 고봉집』 III, 27쪽.

또 주자가 말하기를 "천지가 물物을 내는 소이所以는 리이고, 물을 내는 것은 기질이다. 인人과 물物은 이 기질을 얻어·형체를 이루는데, 이 형체 속에 있는 리를 일컬어 성이라 한다"고 하였습니다. 이 말은 천지와 인물을 가지고 리와 기를 분별한 것이니, 진실로 일물一物이 각자 일물이 되는 데에는 해로울 것이 없습니다. 그러나 만약 성을 가지고 논하면, 이른바 기질의 성이란 바로 이 리가 기질 속에 떨어져 있는 것을 말할 뿐 따로 하나의 성이 있는 것이 아닙니다. 그렇다면 성을 논하면서 본성이니 기품이니 하는 것은, 천지와 인물을 가지고 리와 기를 분별해서 각자 인과 물이 되는 것이 아니라 곧 하나의 성을 있는 곳에 따라 분별하여 말한 것일 뿐입니다.[4]

이러한 설명은 우주론에 있어서는 '리는 리요, 기는 기'라는 식으로 주희의 결시이물決是二物의 개념을 시인하면서도 인성론에 있어서는 현상론적 입장에서 기질지성을 성의 본류로 취하고자 하는 것이다. 즉 기대승은 인성론에 있어서만 본성을 리에, 기품을 기에 배속시키는 분별적 태도에 반대한 것이라고 할 수 있다.

어떤 면에서는 이런 이중적 태도가 이황에게 역습의 실마리를 제공했는지도 모른다. 그래서인지 이황은 기대승의 말에 동의하지 않고 다음과 같이 말하면서 끝내 자신의 리기분속론을 철회하지 않는다.

천지·인물로써 보건대 리가 기 밖에 있는 것이 아닌데도 오히려 분별하여 말하였으니, 그렇다면 성을 논하고 정을 논함에 있어서도 비록 리가 기질 속에 있고 성이 기질 속에 있다 하더라도 어찌 분별해서

---

4) 「兩先生四七理氣往復書」, 『傳統과 現實』 창간호, 256쪽.

말할 수 없겠습니까? 대개 사람의 한 몸은 리와 기가 합해져서 생겨난 것이기 때문에 이 리와 기 두 가지가 서로 발하여 쓰임이 되고, 또 그 발할 때에는 서로 따르는 것입니다. 서로 발한다면(互發) 각각 주主되는 바가 있음을 알 수 있고, 서로 따른다면(相須) 함께 그 속에 있음을 알 수 있습니다. 서로 그 속에 있기 때문에 혼합해서 말할 수도 있지만, 각각 주되는 바가 있기 때문에 분별해서 말해도 불가함이 없습니다.5)

이러한 이황의 답을 보고 있노라면, 실은 기대승의 우주론과 인성론의 차이를 꼬집는 과정에서 리기호발理氣互發의 설이 나오게 된 것 아닌가 하는 생각마저 갖게 된다.

아무튼 기대승이 우주론을 설명할 때와 인성론을 설명할 때 리기의 문제를 다르게 적용시킨 것만은 분명한 사실이다. 이것은 선과 악이 있는 인간의 도덕률을 다룰 때와 선과 악의 문제를 수반하지 않는 자연 현상을 다룰 때에는 같은 리기로써 논한다고 해도 그 적용이 서로 다를 수밖에 없기 때문이었으리라는 생각이 든다. 이와 관련하여 최동희는 다음과 같이 말한다.

본연의 성은 형이상적인 것, 곧 초경험적인 것이다. 이것은 모든 것의 마지막 근원으로서 전제된 어떤 이념적인 것으로, 원래 인간으로서는 직접 경험할 수 없는 것이다. 사람이 경험할 수 있는 성은 오직 기질의 성일 뿐이다. 실제로 우리는 성을 논할 때 기질의 성을 통해 추리 또는 유추에 의해 본연의 성을 상정하는 수밖에 없다. 고봉도 본연의 성과 기질의 성이 동일한 성이라고 지적한다. 기질의 성을 통해서만 본연

<hr>

5) 같은 책, 같은 글, 281쪽.

의 성을 상정할 수 있다는 것을 말한 것이다. 그러면 기질의 성이란 과연 어떤 것일까?

고봉에 따르면 그것은 본성(本然의 性)이 기질 속에 떨어져 있는 것이다. 떨어져 있다는 말이 암시하는 바와 같이, 저 온갖 리를 모두 갖추고 있는 가장 고귀한 것이 이에 어울리지 않는 비천한 기질 속에 떨어져 있는 것이 바로 기질의 성이다. 마치 매우 귀한 손님이 아주 누추한 방 속에 들어앉아 있는 격이다. 그러나 여기에서도 리기설이 적용될지도 모른다. 본성은 역시 리일 것이고 기질은 물론 기임에 틀림없다. 이러한 점에서 기질의 성은 역시 리와 기로 되었다고 말할 수 있을 듯하다.

그러나 이 경우에 고봉은 굳이 "이 리가 기질 속에 떨어져 있을 뿐이다"(此理墮在氣質之中耳)라고 표현한다. 이것은 고봉이 기질의 성에는 리기설을 적용하지 않는다는 것을 뜻한다. 적어도 자연계를 설명하는 리기설은 적용하지 않았다는 것이다. 물론 리가 기 속에 떨어져 있다는 것도 일종의 리기설이라고 말할 수 있다. 그러나 이것은 자연계를 설명하는 리기설을 선악이라는 가치 영역을 설명하기 위해 크게 변질시킨 것이라고 보아야 한다. 원래 리기설은 리와 기를 대등한 요소로 보는데, 여기에서는 리와 기를 상하의 관계로 보기 때문이다. 이러한 점에서 고봉은 성에 관해서는 적어도 자연계를 설명하는 리기설을 적용하지는 않는다.[6]

하지만 다른 한편으로 살펴보면 기대승은 인성을 논할 때 리의 순수성을 계속 강조하고 있는데, 실제로 그는 '칠정기지발七情氣之發'이라는 말에는 반발하여 칠정은 리와 기를 겸한 것이라고 하면서도

---

6) 최동희, 「高峯의 人性論」, 『高峯學論叢』, 201쪽.

'사단리지발四端理之發'이라는 말에는 수정을 가하지 않았다.

　그의 심성론의 핵심은 어디까지나 '이발已發의 정'에 있으며, 정이란 반드시 리기의 합일로 이루어진다. 그리고 그의 주장대로 사단도 칠정의 한 표현에 불과하다고 한다면 사단 역시 리기를 겸한 정이어야 한다. 때문에 그는 사단도 절도에 맞지 않으면 선이 될 수 없다고까지 말했던 것이다. 그럼에도 불구하고 기대승은 '사단리지발四端理之發'을 승인하고 있는데, 이것은 태극은 태극일 뿐이라는 태극설에서의 주장과 일맥상통하는 것으로 보이기도 한다. 여기에 대해 이상은 은 '성현의 말씀'이라는 권위에 눌려 불가피하게 '사단시리지발四端是理之發'에 대해 더 이상의 토를 달지 못한 것이 아닌가 하는 견해를 제시하였다. 그는 다음과 같이 말한다.

　'성현의 말씀'이란 다른 것이 아니라, 맹자가 성선性善을 말하면서 "사단의 뿌리인 인의예지는 '밖으로부터 나에게 주어진 것이 아니라'(非由外鑠我) '하늘로부터 받은 본유의 것'이다"라고 말한 것, 뒤에 송대에 이르러 장정주張程朱 제자諸子가 모두 맹자의 성선의 성을 본연지성·천지지성으로 보았던 것, 특히 주자가 사단을 "리기묘합지중理氣妙合之中에 나아가 그 '리에서 발하여 불선함이 없는 것'(發於理而無不善)을 가리킨 것"이라고 말한 것 등이다. 이런 전통적 정설로 되다시피 한 말을 함부로 거부하기는 어려운 일이다. 어떤 것이든 하나의 전통이 세워지면 그 전통의 힘은 새로운 진리보다 더 강하다. 고봉이 '사칠각유소종래설四七各有所從來說'을 반박하면서 맹자가 말한 사단도 기를 겸한 것이라고 여러 번 말한 일이 있는데, 그럴 때마다 퇴계는 "그렇기는 하나 맹자가 말한 것은 그런 뜻이 아니다" 하면서 언제나 맹자의 말씀이 이러니 거기에 따라야 한다는 식으로 답변을 하였다. 이것은 퇴계가 전통의 권위를 빌려 고봉의 '새로운 진리'를 누르는 혐의가 없지 않다. 이러한 권위 앞에서 굴하지 않을 수 없는 것이 시대의 학풍이니, 고봉도 어찌할 수 없이 그것을 승인했던 것이다.[7]

이처럼 맹자의 이론을 존중하여 '사단리지발四端理之發'이라는 말에 더 이상 반대를 할 수 없었던 것이 사실이라면, 그것이 바로 기대승의 안타까움이요 한계였다고 하지 않을 수 없다.

리지발理之發이라는 개념이 나왔으니 한마디 더 보태지 않을 수 없다. 그것은 바로 기대승이 리를 동動적인 것으로 보았는가, 정靜적인 것으로 보았는가 하는 문제이다. 이와 관련하여 이상은은 다음과 같이 말한다.

> 고봉이 『예기』의 "사람이 나면서 정靜한 것은 하늘의 성性이요, 물에 감응하여 동動하는 것은 성의 욕欲이다"(人生而靜, 天之性也, 感於物而動, 性之欲也)라는 말을 인용하여 성의 발發을 설명하는 것을 보면 '발'은 '동動'자와 같은 뜻을 갖는 것이다.…… 주자의 "기는 곧 능히 응결·조작할 수 있고, 리는 곧 무정의·무계탁·무조작하다"(氣即能凝結造作, 理即無情意無計度無造作)라는 말을 인용하여 퇴계의 리기호발용설理氣互發用說을 공격한 것을 보면 리는 동動하지 않는 것으로 알았던 것 같다.[8]

이러한 지적은 다시 기대승이 사용하고 있는 리지발理之發이라는 말의 의미를 애매하게 만든다. 리가 발한다는 것은 리 자신이 움직일

7) 이상은, 「四七論辯과 對說·因說의 意義」, 『高峯學論叢』, 159쪽.
8) 같은 책, 같은 글, 160쪽.

수 있다는 뜻이다. 기대승에게 있어서 시종일관된 리의 의미는 주자학적 전통에 따라 리의 정靜적인 면을 강조하는 것인데, 그런 그가 발發이라는 말을 리에다 적용시킨 것은 그 저의를 모를 일이다.

기대승이 리를 정적인 요소로 보는 것은 기가 발하게 되는 이치가 바로 리라고 설명하는 부분에서도 나타나는데, 이는 바로 모든 행위를 일으키는 요소는 기이며 그렇게 되게끔 만드는 것이 곧 리라는 뜻이다. 즉 모든 행위 및 그 결과를 설명해 주는 이치는 리가 되는 것이다. 그런데 이것을 인간의 도덕적 행위에 적용시키게 되면 극단적으로 말해서 나쁜 일을 하게 되는 소이도 리라고까지 할 수 있게 된다. 이 경우 리는 매우 무책임한 것이 되고 마는데, 이러한 입장에서부터 필연적으로 '발하여 절도에 맞으면 선이 되고 그렇지 않으면 악이 된다'는 주장을 낳게 된 것은 아닌가 하는 생각이 든다. 이 말은 바로 본질적인 절대선을 부정하는 것으로, 선·악의 판단은 환경적 도덕률에 달려 있다는 서양의 상대주의 이론과도 상통하는 면을 보여 주는 것이기에 더욱 흥미롭다.

하지만 기대승은 끝내 리의 무책임성을 구체적으로 표현하지 못했다. 오히려 그는 맹자의 성선설을 추종하면서 리의 순수성을 결코 부정하지 않는다. 이러한 태도를 이상은은 다음과 같이 설명한다.

> 고봉의 이른바 '리약기강설理弱氣强說'은 이런 능동성을 결여한 무책임한 리를 의식하고 한 말이라고 볼 수 있으며, 사칠설四七說에 있어서 리를 항상 기와 합일시키려 한 것도 리의 정적인 것을 기의 동적인 것과 결합시켜야 리가 비로소 생생하게 활동하는 리로 될 수 있다 해서 그런 것이 아닌가 생각되며,…… 주자의 '리지발理之發·기지발氣

之發'을 대설對說로 보지 않고 인설因說로 보는 것도, 대설에서는 리가 방관적·소극적인 것으로서 기에 대대對待하는 것이요 인설에서는 리가 직접 기를 타고 유행하는 능동적·적극적인 리가 되기 때문이라고 생각했던 것이 아닌가 한다. 그러나 리가 이처럼 적극적·능동적인 것으로 된다면, 그것은 왕양명의 심즉리心卽理의 리와 가까워지는 것이요 정주의 성즉리性卽理의 리와는 멀어지는 것이다. 고봉이 이런 것을 의식하고 있었는지는 의문이다.[9]

위와 같은 이론의 양면성 때문에 과연 그를 주리론자主理論者로 볼 것인가 아니면 주기론자主氣論者로 볼 것인가 하는 데 있어서는 많은 논란들이 있었다. 사실 주리主理 혹은 주기主氣라는 용어는 이황이 사단과 칠정을 논할 때 사단은 리를 주로 하고 칠정은 기를 주로 한다고 표현하면서부터 사용되었다고 할 수 있다. 이처럼 무엇을 위주로 해서 나타난 정인가를 밝히는 데 주리나 주기라는 용어를 사용한다면, 기대승은 분명히 주기론자임이 틀림없다. 주지하는 바와 같이 기대승은 사단과 칠정의 근원이 각각 리와 기라는 이황의 이론에 반기를 들었다. 그는 사단 또한 칠정의 일부라고 하면서 사단 자체도 절도에 맞지 않으면 악이 될 수 있다고까지 말함으로써 리의 주재적 입장을 분명하게 거부하였다. 이것은 그의 주기론적 입장을 확인시켜 주는 근거가 된다고 할 수 있다.

그럼에도 불구하고 기대승이 리의 의미를 결코 간과하지 않았다는 점에서 과연 그를 주기론자로 못박아 말할 수 있는가 하는 의문이 남는 것은 사실이다. 기대승은 「논곤지기論困知記」를 써서 명대明代

---

9) 같은 책, 같은 글, 161쪽.

나흠순羅欽順(1465~1547, 호는 整庵)의 기 사상을 강하게 비판한 적이 있는데, 여기에서 그는 "정암이 말한 리는 다만 기 가운데 있는 리일 뿐이니, '마땅히 기가 전환할 때에 리를 볼 수 있다'는 것이 바로 그의 병통이다"[10]라고 말함으로써 리를 기에 귀속시킨 잘못을 지적하였다. 그렇다면 기대승의 입장은 리를 기에 귀속시키지 말아야 한다는 뜻으로 해석될 수밖에 없다.

이황과 기대승은 나흠순에 관한 재미있는 논의를 남겼다. 사칠 논변의 과정에서 이황은 기대승에게 준 답신에서 "근세에 나정암이 리·기는 이물二物이 아니라는 설을 주창하여 심지어 주자의 설을 그르다고까지 하였는데, 나는 학문이 천박하여 그 뜻을 깨닫지 못하고 있었습니다. 그런데 공의 편지의 뜻이 역시 이와 흡사하리라고는 생각지 못했습니다"[11]라고 말한 적이 있었다. 이는 기대승의 사칠론이 리를 무시한 기 일변도의 사상이 아닌가 하는 의문을 던지는 것이라고 할 수 있다. 이에 대해 기대승은 자신이 아직 나흠순의 설을 읽지 못했음을 고백하면서 "나정암이 논한 바는 본적이 없기 때문에 어떤지는 모르겠습니다만,…… 저는 리·기를 일물一物이라 한 것도 아니고 또한 리·기가 이물二物이 아니라고도 하지 않았습니다"[12]라고 밝힌다. 이러한 입장과, 이후에 『곤지기困知記』를 논하면서 밝힌, 앞서 보았던 리와 기를 일물로 보는 데 대한 비판적 입장을 감안하면 결국 기대승을 주기론자로 보는 것도 애매하게 되고 마는 것이다.

---

10) 「論困知記」(곤지기를 논함), 『국역 고봉집』 I, 233쪽.
11) 「兩先生四七理氣往復書」, 『傳統과 現實』 창간호, 248쪽.
12) 같은 책, 같은 글, 264쪽.

2. 프로이트 — 신화의 오독과 서양 문화의 보편화

프로이트의 정신분석학이 서양의 인간성 연구에 획기적인 변화를 가져온 것은 두말할 나위 없지만, 그에 못지 않게 과연 그것이 보편타당성을 지닐 수 있는가 하는 점으로 인해 수많은 비판을 받아 온 것도 사실이다. 프로이트에 대한 비판들은 크게 몇 가지 문제로 요약될 수 있는데, 그 첫째는 무엇보다도 인간의 행동을 움직이는 본질이 과연 사랑인가 하는 질문이다. 이러한 문제를 제기한 학자들은 대개가 프로이트는 인간 감성의 모든 면을 너무나 성적 충동에 의존하여 설명하고 있다고 주장한다. 그리고 두 번째 비판으로는, 프로이트는 서양적 가족 구조 속에서의 감성 교감 패턴을 보편적 양상으로 확대해석함으로써 비서양권에서 이루어지는 가족 및 사회 내에서의 감성 교감을 제대로 이해하지 못하였다는 지적을 들 수 있다. 이 밖에 부수적인 요소로서, 프로이트는 아버지와 아들의 감성 교감만을 중시하였을 뿐 어머니의 역할을 과소평가했다든지 하는 비판이 있으며, 이와 관련하여 여권운동가들에 의해 프로이트는 남성 위주의 심리 현상을 연구한 편파적 학자라는 비판이 제기되기도 한다.

그런데 이러한 비판들을 자세히 검토해 보면 그 근저에는 모두 프로이트 이론의 발단이 되는 오이디푸스 콤플렉스(Oedipus Complex)라는 개념이 있다. 풀어서 설명하면, 그 비판들의 핵심은 프로이트가 주장한 '인간의 심리 현상은 문명적 상황에 큰 영향을 받는다'는 사실에 대한 것이라고 할 수 있다. 오이디푸스 콤플렉스는 결국 문명의 소산이기 때문이다.

계속 살펴 왔듯이 무의식이라는 새로운 개념을 인간 심리 연구의 핵심으로 사용한 프로이트는 그 무의식의 형성 과정 속에서 한 인간의 성격이 형성된다는 논리를 가지고 있었다. 이러한 설명 속에서 무의식은 문명 속에서 억압받은 감성이라는 해석이 나오는데, 프로이트는 오이디푸스 콤플렉스라는 개념을 그 핵심 개념으로 사용하고 있는 것이다. 그에 따르면, 인간은 기쁨의 원리(Pleasure Principle)에 근거한 자아이상(Ego Ideal)과 현실의 원리(Reality Principle)에 근거한 초자아(Superego)의 대립 속에서 성격 형성이 이루어진다. 이 때 '기쁨의 원리'는 문명의 틀을 벗어나 그 자체로서의 만족을 향해 가는 원리이며, '현실의 원리'는 오이디푸스 콤플렉스를 통하여 현실의 문명 속에서 느껴지는 원리이다. 따라서 무의식의 성격이 '억압받은 감성'이라는 해석에 주목할 때 자연히 프로이트 이론의 핵심 개념은 오이디푸스 콤플렉스로 집약된다. 그렇다면 프로이트의 오이디푸스 콤플렉스를 면밀히 검토해 보고 그 곳에서 문제점을 찾는 것은 결과적으로 앞서 지적한 프로이트의 모든 한계점을 설명하는 지름길이 될 수도 있을 것이다.[13]

그리스 신화 속에 나오는 오이디푸스왕은 자기의 친아버지를 죽이고 생모를 아내로 맞이하게 되는데, 프로이트가 이 비운의 왕을 자신의 심리 해석에 적용시킨 것은 1897년부터이다. 그는 플리스(Fliess)라는 동료에게 보낸 편지에서, 자신의 어린 시절을 회고해 보면 어머니를 사랑하고 아버지를 미워한 기억이 있는데 이것이야말로 오이디푸스왕의 운명과 비슷한 것이라는 언급을 하게 된다.[14] 이후 『꿈의 해

---

13) 오이디푸스 콤플렉스와 관련한 프로이트의 한계에 대해서는 필자의 영문 졸저 *The Ego Ideal, Ideology, and Hallucination*의 4장 'Deconstructing the Oedipus Complex'에 비교적 자세히 설명되어 있다.

14) Freud, "Letter to Fliess", *S. E.*, Vol. 1, 265쪽.

석』(*Interpretation of Dream*)이라는 저서에서 그는 예전의 언급을 구체화시켜서 우리의 모든 운명이 어쩌면 오이디푸스왕과 같은 것일 수도 있다고 말하는데, 그것은 바로 어머니를 사랑하는 마음과 아버지를 미워해서 죽이고 싶어하는 마음으로 나타난다는 것이다. 프로이트가 후일 사랑(Eros)과 죽음(Thanatos)의 양대 감성으로 인간의 본능을 논하게 된 근거는 바로 오이디푸스왕의 운명에서 착안된 것이라고 해도 과언이 아니다. 인간은 이 세상에 나와서 어머니를 통해 처음으로 사랑을 알게 되고, 또 아버지를 통해 처음으로 죽음 혹은 죽임의 충동을 느끼게 된다고도 말할 수 있다는 것이다.

이쯤 이야기하고 나니 프로이트가 『꿈의 해석』에서 한 유명한 말이 생각난다. "오이디푸스왕처럼, 우리는 이 두 가지 마음을 느끼지 못하고 살고 있다. 그러나 우리 모두 눈을 감고 어린 시절을 생각해 보면 이러한 느낌을 찾을 수 있을 것이다."15) 알지 못하고 있으니 무의식이다. 그리고 이러한 두 가지 감성의 무의식적 요소가 우리 심리 구조의 핵심적 요소가 되고 있음을 암시하고 있는 말이 바로 앞서 인용한 그의 주장이다.

프로이트에 따르면, 처음 막 태어났을 때의 어린아이에게는 성적인 의미가 없다. 그러나 자라면서 그의 성과 반대되는 성의 부모 쪽이 그의 첫 번째 사랑의 대상이 된다. 그런데 조금 더 지나서 보면 상황이 달라진다. 남아의 경우 최초의 사랑의 대상인 어머니의 사랑의 대상이 자신이 아닌 아버지이며, 여아의 경우에는 최초의 사랑의 대상인 아버지의 사랑의 대상이 어머니라는 사실을 알게 되는 것이다. 이것이 바로 어린이들이 현실에서 느끼는 최초의 슬픔이다.

---

15) *S. E.*, Vol. 4, 263쪽.

이러한 양상을 프로이트적으로 설명하면, 최초로 자기와 성이 다른 어머니 혹은 아버지를 사랑하는 감성은 곧 자아이상의 발로이며, 현실을 느껴서 어머니나 아버지의 사랑의 대상이 본인이 아님을 깨닫게 되는 것은 바로 초자아의 감성이 싹트기 시작하는 것이다. 한 가지 더 첨언한다면, 오이디푸스적 기간에 이르러서는 자기와 성이 같은 아버지나 어머니를 죽이고 싶은 감정이 싹트는데 이것이 곧 자아이상의 발로이며, 실제로는 죽일 수 없음을 느껴서 현실의 논리에 따라 그것을 포기하게 되는 것은 바로 초자아의 역할에 의한 것이 된다.

이러한 갈등을 오이디푸스 콤플렉스라 명명한 프로이트는 이윽고 우리 인간 모두에게는 그와 같은 상황이 보편적으로 존재한다는 것을 심리 이론의 기초로 삼게 되었다. 한편, 여아가 자기 아버지를 사랑하고 어머니를 죽이고 싶어하는 감정은, 오이디푸스왕과는 반대의 운명을 지닌 그리스 신화 속의 여인 일렉트라(Electra)의 이름을 따서 일렉트라 콤플렉스(Electra Complex)라 부르기도 한다.

프로이트는 오이디푸스 콤플렉스라는 개념을 개인의 감성 형성 구조로만 보지 않고 그것을 사회적 기능이나 구조를 설명하는 핵심 개념으로까지 확대해석한다. 즉 오이디푸스 콤플렉스가 종교나 법, 또는 도덕의 첫 번째 구성 요소인 사회적 '금기'의 의미로까지 연결되고 있다는 것이다. 『우상과 금기』(Totem and Taboo)라는 그의 유명한 저술은 바로 문명의 시작 자체를 오이디푸스 콤플렉스로 설명하고 있는 책이다. 예를 들면 인류의 문명들 가운데 모든 종교적 의식은 한 인간이 자기 아버지를 죽이고 어머니를 사랑하게 된, 혹은 그러한 감정을 갖게 된 자체에 대한 속죄의 의식이, 나아가 자기 자식이

자기를 죽이지 못하도록 소망하는 형태가 그 핵심에 자리하고 있다
는 것이다.

　이러한 프로이트 심리 이론에 대해 학자들은 여러 가지 내용의
비판을 가한다. 구체적으로 설명하면, 먼저 프로이트가 오이디푸스
신화를 잘못 이해하고 있다는 비판을 들 수 있다. 따라서 이 문제를
정확히 확인하기 위해서는 다 아는 이야기겠지만 소포클레스(Sophocles)
가 쓴 『오이디푸스왕』(Oedipus the King)의 이야기 핵심을 먼저 논해 보아
야 할 것이다.

　오이디푸스는 그리스 테베(Thebes)의 왕자로 태어났다. 그런데 그
아버지인 라이우스(Laius)왕에게 어느 날 점쟁이가 와서 당신은 아들을
낳으면 그 아들에 의해 죽게 될 것이라는 예언을 함으로써 라이우스
는 아들을 낳지 않으려고 마음먹게 된다. 사실 동성연애자인 라이우
스왕은 그의 아내 이오카스타(Jocasta, 혹은 조카스타)와 잠자리를 별로
하지 않았기 때문에 그 예언자의 말을 대수롭지 않게 생각했다. 그런
데 어느 날 그는 술에 취해 본의 아니게 아내와 동침을 했고, 그 결과
오이디푸스가 태어났다. 그제야 예언자의 말이 생각난 라이우스는 하
인을 시켜 오이디푸스를 산에 갖다 버리라고 명령했다. 하지만 오이
디푸스를 산으로 데려간 그 하인은 문득 이웃나라 코린스(Corinth)의
폴리부스(Polybus)왕이 아들이 없어서 걱정한다는 말을 떠올리고, 오이
디푸스를 버리지 않고 몰래 폴리부스왕에게 줘 버렸다.

　그 후 오이디푸스는 폴리부스왕의 아들로 잘 자라났다. 그런데 어
느 날부터인가 오이디푸스가 폴리부스의 친자가 아니라는 소문이 돌
기 시작했다. 이에 자기의 출생에 대해 의문을 품은 오이디푸스는 자
기가 폴리부스의 친자인지를 확인하기 위해 델피(Delphi)에 있는 예언

자를 찾아갔다. 그런데 그는 거기서 친자 여부를 알게 되는 것이 아니라, 너는 너의 아비를 죽일 운명을 타고났다는 엄청난 말을 듣게 된다. 그 말을 들은 오이디푸스는 코린스로 다시 돌아가게 되면 부왕인 폴리부스를 죽이게 될지도 모른다는 두려움에 다른 방향으로 발걸음을 돌렸다. 얼마쯤 갔을까, 어느 외길에서 오이디푸스는 한 마차를 만났는데, 거기에 탄 자들이 길을 비키라고 위협하자 그렇지 않아도 화가 나 있던 오이디푸스는 그 자리에서 칼을 빼어 그들 일행을 모두 죽여 버렸다.

이윽고 오이디푸스는 테베라는 나라 어귀에 당도했다. 그 때 테베에는 한 괴물이 나타나 자기가 낸 수수께끼를 맞추지 못하면 테베를 멸망시키겠다고 으름장을 놓고 있었다. 괴물이 낸 수수께끼는 아침에는 네 발, 낮에는 두 발, 밤에는 세 발로 걷는 짐승이 무엇이냐는 것이었다. 괴물의 질문을 받은 오이디푸스는, 인간은 어릴 때는 네 발, 어른이 되면 두 발, 노인이 되어서는 지팡이에 의지해서 세 발로 걷게 되므로 그 답은 사람이라고 말했다. 그러자 괴물은 스스로 파멸되고 오이디푸스는 엉겁결에 테베의 영웅이 되어 입성한다. 그 때 테베의 왕 라이우스가 불행히도 외길에서 어떤 괴한에게 살해당했다는 사실이 확인되고, 이에 오이디푸스는 테베의 왕이 되어서 전통에 따라 왕비인 라이우스의 아내 이오카스타를 아내로 맞이한다.

시간이 흘러 나이 60이 넘었을 때, 오이디푸스는 옛날 테베로 오는 도중에 죽인 자가 바로 자신의 생부이고 아내로 맞이한 왕비가 실은 자신의 생모라는 사실을 알게 된다. 충격을 받은 오이디푸스는 스스로 자기 눈을 송곳으로 찔러 장님이 된 채 테베를 떠난다.

모르고 자기 아버지를 죽이고, 모르고 자기 어머니를 아내로 맞이

했다는 이 이야기를 프로이트는 무의식에서 어머니를 사랑하고 그 사랑의 라이벌인 아버지를 죽이고 싶어하는 인간의 마음을 설명하는 예로 삼았던 것이다. 그러나 오이디푸스왕 이야기를 살펴보면, 사실은 아버지인 라이우스가 먼저 그 아들 오이디푸스를 죽이려고 황무지에 내다버렸고, 외길에서도 오이디푸스가 먼저 달려든 것이 아니라 라이우스가 길을 비킬 것을 요구하며 먼저 오이디푸스를 죽이려 한 것이었다. 이를 근거로 프로이트의 비판자들은 이 신화의 내용은 아버지가 아들을 죽이려고 한 것이 먼저이지 아들이 아버지를 죽이는 행위가 먼저는 아니라고 말한다. 그리하여 도로시 블로흐(Dorothy Bloch) 같은 학자는 자녀의 부모에 대한 적대감은 부모의 자녀에 대한 적대감의 결과라고 말하면서 자식에 대한 부모의 적대감이 더 먼저라고 주장한다.[16]

이러한 주장과 연결하여 다른 학자들은 프로이트가 소포클레스의 오이디푸스왕 시리즈 가운데 『오이디푸스왕』만 읽었기 때문에 오이디푸스 신화의 핵심을 제대로 파악하지 못했다고 비판한다. 소포클레스는 『오이디푸스왕』(Oedipus the King)뿐 아니라 오이디푸스와 연결된 『안티고네』(Antigone)와 『콜로노스에서의 오이디푸스』(Oedipus at Colonus)라는 다른 두 개의 이야기도 썼는데, 『안티고네』와 『콜로노스에서의 오이디푸스』에는 아버지가 아들을 죽이는 내용이 담겨 있다는 것이다.[17]

『콜로노스에서의 오이디푸스』는 오이디푸스가 장님이 되어 콜로

---

16) Dorothy Bloch, "Fantasy and the Fear of Infanticide", *Psychoanalytic Review* (1974).

17) Sophocles의 신화 "Oedipus the King", "Antigone", "Oedipus at Colonus"는 Robert Fagles의 영역으로 *The Three Theban Plays* (The Viking Press, 1982)에 실려 있다.

노스로 추방당해 온 이후의 이야기이다. 여기에서 오이디푸스는 자신이 추방될 때 아무런 도움도 주지 않았던, 자기와 생모 사이에서 태어난 두 아들 에테오클레스(Eteocles)와 폴리니시스(Polynices)를 계속 미워하며 저주하게 된다. 그는 후일 두 아들들이 테베의 왕이 되기 위해 싸우게 되었을 때에도 서로 싸우다 둘 다 죽게 되기를 기원한다. 한편 형제간의 쟁투에서 힘이 밀린 폴리니시스는 자기에 대한 저주를 그만두게 하기 위해서 여동생 안티고네를 통해 아버지에게 용서를 빌겠다는 뜻을 전하는데, 오이디푸스는 그의 청을 들어주지 않고 결국은 죽게 내버려둔다.

또 『안티고네』에서는 오이디푸스의 생모이자 아내인 이오카스타의 남동생 크레온(Creon)이 자기의 아들 해몬(Haemon)을 죽인다. 해몬은 사촌간인 안티고네의 약혼자였는데, 이 안티고네가 오빠 폴리니시스를 도와 크레온을 죽이려 했기 때문이었다. 당시 오이디푸스가 테베에서 추방된 것은 바로 크레온 때문이었고, 나중에 오이디푸스의 두 아들이 왕위쟁탈전을 벌일 때 크레온은 큰아들 에테오클레스를 지원하는 데 비해 안티고네는 폴리니시스에게 협조하고 있었다. 이에 클레온이 안티고네를 죽이려 하자 해몬은 그의 아버지에게 안티고네를 용서해 줄 것을 간청한다. 결국 그 청은 받아들여지지 않았고 실망한 해몬은 자살을 하는데, 그 후 클레온은 해몬이 자기 말을 듣지 않아서 사실상 자살을 가장하여 자신이 죽인 것이라고 고백한다.

비판자들에 따르면 프로이트는 이러한 일련의 이야기를 모른 채 오직 오이디푸스가 자기 아버지를 죽인 것만을 확대해석하여, 아들이 아버지를 미워한 것이 인간의 최초적 적대감이자 살인의 욕망이라고

규정해 버렸다는 것이다. 한 예로 에리히 프롬(Erich Fromm)은 「오이디
푸스 콤플렉스와 오이디푸스 신화」("Oedipus Complex and Oedipus Myth")라
는 논문에서 프로이트는 오이디푸스 신화를 일방적으로 해석했다고
지적하면서, 그 신화들에서 아버지와 아들의 갈등은 프로이트가 말한
것과 같은 어머니를 사랑하고 싶은 근친상간의 욕망과는 아무 관계가
없다고 주장한다.[18]

아버지에 대한 적대감을 떠나서 어머니에 대한 근친상간의 욕망
도 많은 비판을 받고 있다. 많은 학자들은 근친상간의 경우 부모가
자녀에게 먼저 성적 요구를 하며(특히 아버지와 딸 사이의 관계에서) 때
로는 강제성까지 띠게 된다는 임상학적 자료를 제시하면서, 어린이가
부모에게 느끼는 성적 욕망이 인간 최초의 성적 욕망이라는 프로이트
의 주장을 비판한다.[19]

이러한 비판들은 적대감과 연계되어, 성적 욕망이든 살인적 욕망
이든 간에 이런 감정들은 부모가 자녀에게 먼저 갖는 감정이라는 설
을 만들어 내기도 하였다. 실제로 동·서양을 막론하고 부모가 자식
을 죽이는 신화나 사건들은 많이 제시되고 있다. 대표적인 예 가운데
하나로는 서양적 사고를 대변한다 할 수 있는 성경에서의, 아브라함
(Abraham)이 아들 이삭(Isaac)을 하나님께 바치려 한 내용을 들 수 있을
것이다. 이 아브라함 이야기에 근거하여 에리히 웰리쉬(Erich Wellisch)라
는 학자는 인류의 역사를 3단계로 나누어 설명하기도 한다. 그 첫 번
째는 부모가 자녀를 공격하는 시대이고, 두 번째는 이에 따라 자식들

---

18) Erich Fromm, "The Oedipus Complex and the Oedipus Myth", *The Family: Its Function and Destiny* (eds. Ruth Nanda Anshen, Harper and Row, 1959).
19) Leon Sheleff, *Generation Aspect: Adult Hostility to Youth* (McGraw Hill, 1981) 참조.

이 부모를 공격하는, 혹은 부모와 자식이 서로 갈등하는 시대이며, 세 번째는 부모와 자식 간의 화해의 시대이다. 이 이론에 따르면 우리는 지금 세 번째의 시대를 살고 있다는 것이다.[20] 성경의 예를 떠나, 신라 시대의 봉덕사종 이야기나 조선 시대의 사도세자 이야기 등 우리 역사에도 아버지가 아들을 죽인 사례는 적지 않다.

그런데 이런 사례들을 프로이트 이론에 대한 비판으로 적용하게될 경우에는 하나의 오류를 범할 수밖에 없는데, 그것은 바로 그 사례들 속에는 무의식적 행동과의 연결성이 없다는 점이다. 프로이트 이론에 적용이 되려면 모르고 그 아버지가 아들을 죽여야 하는 것이지만, 아브라함이나 종을 만드는 장인, 영조대왕 등은 모두가 알고서 자기 자식을 희생시켰기 때문에 프로이트의 무의식적 행위와는 관계가 없는 것이다.

그렇다면 모르고 자기 자식을 죽이게 된 이야기는 없는가? 이런 유의 이야기도 역시 많이 있다. 대표적인 것으로는 페르시아 제국의 루스툼(Rustum) 장군 이야기나 중국 당나라의 쉬에(薛) 장군 이야기를 들 수 있다.[21] 프로이트 이야기를 하다 보니 별 이야기가 다 나오는데, 이처럼 다양한 분석 없이는 오이디푸스 콤플렉스의 핵심 내지는 프로이트 이론의 의의와 한계를 분명히 설명할 수 없으므로 장황하지만 짚고 넘어가지 않을 수 없다.

옛날 페르시아 왕국에 루스툼(Rustum)이란 장군이 있었다. 그는 변

---

20) Erich Wellisch, *A Study on Biblical Psychology of the Sacrifice of Isaac* (Rourtledge & Kegan Paul, 1954) 참조.

21) Rustum 장군 이야기는 Matthew Arnold에 의해 *The Poem of Matthew Arnold* (eds. Kenneth Allott, Lonmans, 1965)에서 시의 형태로 소개되었으며, *Myth and Legends* (eds. Terry White, Paul Hamlyn, 1964)에서는 산문으로 수록되었다. 또 쉬에 장군 이야기는 A. C. Scott의 *An Introduction to Chinese Theater* (Donald Moore, 1958)에서 영문으로 소개되었다.

방의 전쟁터로 나가면서 임신한 아내에게, 언제 돌아올지 모르니 만약 아들을 낳게 되면 팔목에 채워 주라고 하면서 팔찌 하나를 주고 떠났다. 자기 아들임을 분명히 하고, 자라서 자기처럼 장군이 되기를 원했기 때문이었다. 이윽고 아들을 낳은 아내는 아이에게 이름을 소랍(Sohrab)이라는 이름을 지어 주고 팔찌를 채워 주었는데, 아이는 아버지의 희망대로 자라서 장수가 되었다.

당시는 전시였던지라 서로 정권을 쟁탈하려고 싸움을 일삼고 있었다. 전쟁터로 간 소랍은 어느 한 장수와 맞붙어 싸우게 된다. 몇 합을 싸우다 아뿔싸 그만 소랍이 쓰러지게 되었고 상대 장수는 소랍의 목에다 칼을 내리쳤다. 칼을 맞으면서 소랍이 소리쳤다. "나의 아버지 루스툼이 나의 원수를 갚을 것이다." 그런데 그 상대 장수는 바로 루스툼이었다. 깜짝 놀란 루스툼이 황급히 소랍의 손목을 보았더니 그 손목에 끼워진 팔찌는 자기 아들에게 끼워 주라 하며 남긴 그 팔찌가 아닌가! 그러나 때는 늦어, 소랍은 이미 죽어 있었다. 결국 루스툼은 자기 아들인지도 모르고 소랍을 죽인 것이다.

이 이야기는 프로이트의 오이디푸스 콤플렉스를 비판하는 소위 대칭적 오이디푸스 콤플렉스(Counter Oedipus Complex)를 논하는 데 인용되는 이야기이다. 셸레프(Leon Sheleff)라는 학자는 이러한 이야기야말로 부모의 자녀에 대한 무의식적 적대감이 먼저라는 사실을 알게 해 주는 증거라고 말하면서, 이를 루스툼 콤플렉스(Rustum Complex)라고 명명하기도 하였다.

중국의 쉬에 장군 이야기도 루스툼의 이야기와 비슷하다. 쉬에 장군은 나라의 명을 받아 변방을 수비하기 위해 집을 떠났다가 18년만에 아내가 있는 고향으로 돌아오게 된다. 그는 집으로 오는 도중 강가에서 사냥을 하고 있는 한 청년을 발견한다. 그런데 청년의 활 솜씨가 너무나 훌륭해서 쉬에 장군은 슬그머니 시기심이 동했다. 활 잘 쏘기로는 천하에서 자기가 제일이라 여겼는데, 이 조그마한 청년이 활을 어찌도 잘 쏘는지 그만 깜짝 놀란 것이다. 해서 쉬에 장군은 청년에게 다가가서 말을 건넸다. "나는 한 번에 화살 한 개로 두 마리의 기러기를 잡을 수 있다." 그리고 그 청년에게 내기를 청하자 청년도 쾌히 승낙한다. 먼저 쉬에 장군이 활시위를 잡아당겼다. 그런데 뜻밖의 일이 벌어졌다. 날아가는 기러기를 쏜 것이 아니라 그 청년을 향해 화살을 날려 버린 것이다. 한마디로 자기보다 활을 잘 쏘는 그 청년을 살려둘 수 없었던 것이다.

드디어 쉬에 장군은 집에 도착하여 반갑게 아내를 찾았다. 그는 집에 들어설 때 보았던, 댓돌 위에 가지런히 놓인 어른 신발이 의심쩍어 아내에게 그 신발이 누구의 것인지 물었다. 그러자 아내는 "당신이 떠난 후에 태어난 아들이 벌써 18세가 되었습니다. 그 신발은 당신 아들의 것으로 지금 강가에서 사냥을 하고 있습니다" 하고 말하는 것이 아닌가. 쉬에 장군은 깜짝 놀랐다. 아까 집에 오는 길에 강가에서 만나 자기와 내기를 하고, 결국은 자기가 죽여 버린 그 청년이 바로 자기 아들이었던 것이다.

이 쉬에 장군의 이야기를 동양적인 대칭적 오이디푸스 콤플렉스로 인용한 사람은 중국정치를 전공한 리처드 솔로몬(Richard Solomon)이다. 그는 『모택동의 혁명과 중국의 문화』(Mao's Revolution and Chinese Culture)라는 역작을 통해 쉬에 장군 이야기는 동양 문화의 특징을 단적으로 드러내는 내용이라 하면서 오이디푸스 신화는 서양의 문화 속에서만 적용될 수 있다고 지적한다. 즉 서양은 아들이 아버지를 능가하는 문

화요, 동양은 아버지가 아들을 영원히 지배하는 문화라는 것이다.[22)]
이 주장도 결국은 프로이트의 이론이 서양적 문화 특징에서 오는 심리적 요인을 전세계에 과도하게 적용시킨 오류를 범했다는 점을 암시하고 있다.

그러면 이상과 같은 대칭적 오이디푸스 콤플렉스를 내세우며 프로이트의 이론을 비판한 이론에는 어떤 오류가 있는가? 결국 우리는 프로이트의 핵심 개념인 오이디푸스 콤플렉스를 어떻게 이해해야 하는가? 이러한 질문에 답을 내 놓아야 프로이트의 한계를 더욱 깊이 있게 논할 수 있게 될 것이다.

전술한 바와 같이 프로이트는 오이디푸스 신화를 이용하여 인간이 최초로 갖는 두 개의 본질적 감정을 '자기와 다른 성(Sex)의 부모를 사랑하는 마음'과 '자기와 같은 성(Sex)의 부모를 미워하여 죽이고 싶어하는 적대감'이라고 전제하면서 그 이론의 실마리를 풀어 왔다. 그러나 수많은 학자들은 프로이트 이론의 출발점을 비판하면서 오히려 부모가 자식에게 갖는 적대감이나 사랑의 감정이 먼저라고 말한다. 그렇다면 한번 따져 보자. 오이디푸스왕에 대한 이야기만 가지고 본다면 프로이트를 비판한 자들이야말로 오이디푸스 신화를 잘못 이해했다. 비록 라이우스가 오이디푸스를 먼저 버렸다 할지라도 그것은 이미 "아들을 낳으면 그 아들에 의해 죽임을 당할 것이다"라는 예언에서 비롯된 것이므로, 라이우스가 그 아들을 죽이려 한 것은 자식이 자기를 죽이려 한다는 공포심에서부터 비롯된 것이라 할 수 있다. 따라서 프로이트가 말한 자식의 부모에 대한 적대감이 먼

---

22) Richard Solomon, *Mao's Revolution and the Chinese Political Culture* (University of California Press, 1971), 28~38쪽 참조.

저라는 말이 보다 타당하다.

그리고 에리히 프롬을 위시한 여타 학자들이 강조하는 소포클레스의 다른 오이디푸스왕 시리즈『안티고네』나『콜로노스에서의 오이디푸스』속에서 부모가 자식을 죽인 예는『오이디푸스왕』에서와는 그 본질이 다르다. 즉『안티고네』나『콜로노스에서의 오이디푸스』에서 부모가 자식을 저주하고 죽인 것은 자기 자식인 줄 알면서 행한 의식적 행위로서, 프로이트가 주장하는 무의식적인 적대감을 논하는 데는 이미 그 자격을 상실하고 만 것이다. 여기에 덧붙여 오이디푸스왕의 이야기를 프로이트가 원용한 것에는 동성의 부모에 대한 적대감과 이성의 부모에 대한 사랑이 동시에 연결되어 있다. 그러나『안티고네』나『콜로노스에서의 오이디푸스』에서는 자식에 대한 부모의 의식적인 적대감만 존재할 뿐이다. 따라서 이 두 이야기는 오이디푸스왕 이야기와는 그 성격을 달리하고 있는 것이다. 에리히 프롬 같은 대가가 왜 이러한 것을 깊이 있게 고려하지 않았을까?

그 뒤의 이야기들, 즉 성경의 아브라함 이야기나 봉덕사종 이야기 등은 자식에 대한 적대감의 발로라기보다는 가장 소중한 자식을 신에게 바침으로써 어떤 믿음을 확인하거나 영광을 찾으려는 의식적 행위이므로, 이 역시 프로이트의 무의식적 양대 감성 즉 '사랑'과 '적대감'(혹은 죽음)이라는 표현을 설명할 길이 없다. 영조가 사도세자를 죽이려 한 것은 아버지의 권위를 높이려는 행위이니 더 말할 필요가 없다.

이에 비해 무의식적 적대감의 발로로서 루스툼 이야기나 쉬에 장군의 이야기는 일단 오이디푸스 콤플렉스의 대칭적 의미를 갖는다고 할 수 있다. 그러나 여기에도 한 가지 부족한 점이 있다.『안티고네』의 경우처럼 거기에는 적대감만 있을 뿐 사랑 혹은 성적 충동은 전혀 개입되어 있지 않다. 임상실험의 결과로서 제기된, 성적 유인(Seduction)은 부모가 자녀에 비해 더욱 적극적이라는 주장 역시 마찬가지이다. 그 성적 유인의 결과가 자기 자녀의 사랑의 대상을 죽이려고 하는 적대감의 감성과는 전혀 연결되어 있지 않기 때문이다. 결국 이 두 주장은 어느 일면만을 강조한 것이라 하지 않을 수 없다.

또 프로이트가 지나치게 성적 충동을 중심으로 심리 분석의 틀을 잡고 있다는 비판에도 일면 일리가 없는 것이 아니다. 그러나 필자의 생각으로는 프로이트가 말한 사랑의 문제를 좀더 넓게 생각하면 반드시 육체적인 성적 의미만이 프로이트 이론의 전부인 것은 아니다. 프로이트는 분명 사랑이라는 인간의 본능이 모든 행동을 좌우하는 기본이 된다는 점에서 그 이론을 전개했던 것이다. 사실 따지고 보면 인간은 밥만 먹고 사는 동물이 아니다. 프로이트의 주장대로 사랑을 먹고 사는 동물인지도 모른다. 그 사랑의 형태는 수만 가지로 다르게 설명될 수 있으나, 프로이트에게 있어서 모든 사랑의 마음은 결국 하나이다. 즉 리비도(Libido)인 것이다. 그렇다면 프로이트가 육체적 성의 문제를 많이 인용했다 해서 그를 저속한 학자라고 매도할 수만은 없다. 어떤 면에서 프로이트는 문명과 도덕을 넘어선 인간 본연의 심리적 양태를 연구하려고 했던 것이다.

다시 말하거니와 프로이트는 오이디푸스왕 이야기에서 인간이 갖는 '사랑'과 '죽음'(혹은 적대감)이라는 최초의 감성을 찾으려 했던 것이다. 그렇다면 수많은 학자들이 프로이트를 비판하기 위해 던진 질문, 즉 자식에 대한 부모의 적대감이 먼저냐 아니면 부모에 대한 자식의 적대감이 먼저냐 하는 질문은 이미 의미가 없다. 또한 성적 유인에 있어서 부모가 자녀에 대해 더 적극적이라는 주장도 적절한 비판이 될 수 없다. 프로이트는 다만 가족 구조 속에서 한 인간의 양대 감성이 싹틈을 강조하려 하였고, 그 감성 형성 과정을 더듬는 것이 인간의 성격 연구에 중요한 변수가 됨을 지적하려 한 것이었다.

그러나 서양의 문화 속에서 나타난 성격 형성 과정을 보편화하려 한 것에 대해서만큼은 프로이트는 입이 열 개라도 할 말이 없다. 부모와 자녀들 간에 존재하는 감성 교감의 양상은 문화에 따라서 큰 차이가 있으므로 서양적 패턴(즉 아들이 아버지를 능가하려는 패턴)만을 가지고 인류 보편의 양상이라고 말할 수는 없기 때문이다. 우리는 많은 자료들을 통해 동양적 오이디푸스 콤플렉스는 오히려 솔로몬의 지적처럼 자아이상의 발로보다는 초자아의 강력한 힘에 의해 아예 아버지에 대한 저항을 포기한 형태로 더 많이 나타남을 확인할 수 있다.

필자의 관찰에 의하면 전통적인 동양권(특히 유교문화권)의 어린이는 아버지의 권위에 아예 도전 자체를 포기하는 경우가 많은 까닭에 초자아의 역할이 강할 수 있었다. 그러나 현대에 와서는 고개 숙인 아버지의 권위 때문에 어머니와의 밀착이 통제되지 않음으로써 자아이상을 억제시키는 초자아의 기능이 약화되어 간다고도 말할 수 있다.23) 아무튼 이러한 프로이트의 한계 때문에 우리는 문화의 차이에 따른 정신분석적 해석 및 이론을 새롭게 가꾸어 가야 하는 숙제를 안게 된 것이다.

끝으로, 프로이트는 분명 아버지와 아들의 심리적 교감에 많은 연구를 할애했을 뿐 어머니와 자녀들, 그리고 아버지와 딸의 관계에 대

---

23) 필자의 『문명비판 II — 한국인의 잠재의식과 정치병리』, 제3장 '한국인의 오이디푸스 콤플렉스'에서는 동양적 오이디푸스 콤플렉스 양상을 상세하게 논의하고 있다.

해서는 그다지 관심을 기울이지 않았다. 그렇기에 그는 남성 위주의 심리적 활동을 주로 연구한 것 아니냐는 비판을 면키 어려운 것이 사실이다. 이러한 한계를 직시한 현대 정신분석학에서는 프로이트가 남겨 놓은 영역들에 대해 활발한 연구를 진행시켜 가고 있다. 그리고 한편으로 여권운동가들에 의해서 여성정신분석학이라는 새로운 장르까지 만들어지게 되었다.

제6장 인간성 연구의 새로운 시대를 맞아

1. 과학의 성과와 인간성 이해의 새 국면

지난 2~300년간 과학의 발전은 우리 스스로 생각해 봐도 경탄할 만큼 눈부셨다. 우주의 비밀은 물론이요 우리 인체에 대한 비밀까지도 과학의 이름 아래 속속들이 밝혀져 왔으니 말이다. 특히 의학적 입장에서 인체에 대한 연구는 눈부실 정도였다. 뇌의 구조라든지 신경 전달 체계 등 인간의 육체적 비밀들이 하나둘씩 벗겨지게 된 것이다. 또 심리학(Psychology)이나 정신분석학(Psychoanalysis)의 범주에서도 인간의 성격 형성 과정, 미침(Madness)을 야기하는 뇌의 충격에 관한 문제 등이 상당 부분 연구되어 왔다. 나아가 1950년대 이후부터 만연한 행태주의(Behavioralism)는 나름대로 과학적 방법을 동원하여 인간 행동을 연구함으로써 어떤 객관적 행동 양상을 도출해 내려는 노력을 수없이 기울여 왔다. 이 밖에 일반 사회 및 인간 연구에 있어서도 과학이라는 이름을 붙인 소위 인성학(Ethology)이 동원되기에 이르렀다.

과거의 철학 속에서 인성론은 근본적으로 관념적·도덕적 성격을 벗어나지 못하고 있었다. 그러다가 프로이트가 심리학 혹은 정신분석학의 체계를 형성한 이후부터 인간성에 관한 연구는 점차 경험적이고 실제적인 자료에 기초한 과학적 연구 방법을 사용하게 되었다. 그리하여 이제는 사회학 방면에 있어서는 사회생태학(Sociobiology)이라는 용어까지 생겨나고 정치 행태 연구에 있어서는 생태정치학(Biopolitics)이라는 용어까지 생겨나게 된 것이다.

보다 정교한 과학적 분석이라는 대명제 아래 전개된 1950년대 이후의 '인간과 사회에 관한 연구'는 과거의 관념적·도덕적 분석에 근거한 인간 행동 및 성품 연구에 새로운 파문을 던지게 되었다. 한 예로, 1978년 미국 정치학회 회장이 된 존 월키(John C. Walke)는 회장취임 연설에서 기존 정치학계에 의미 있는 비판을 가하는데, 여기에서 그는 행태주의의 이름 아래 인간 행동에 대한 정교한 분석이 논의되고 있지만 여전히 괄목할 만한 성과는 얻지 못하고 있으며 그에 따라 정치학 자체도 전기 행태주의(Pre-Behavioralism)의 범주를 벗어나지 못한 상태라고 지적한다.[1]

아무튼 작금의 모든 인간 행동 연구는 인간성에 대한 과학적 연구를 그 주제로 삼게 되었다. 그리고 관념적이고 도덕적인 이전의 인간성에 대한 철학적 논란에 새로운 비판과 평가가 이루어지게 되었다. 이러한 과정 속에서 인간 행동 양상에 대한 가장 근본적인 접근은 바로 어떤 것이 유전적(Genetic) 요소이며 어떤 것이 문화적(Cultural) 요소인지를 묻는 것으로 압축되었다고도 말할 수 있다. 확실히 인간은 환경에 영향을 받는 문화적 존재이다. 그러나 다양한 문화적 양상 속에서도 계속적으로 나타나는 '문화를 뛰어넘는 그 무엇' 즉 유전적이

---

1) John Walke, "The Pre-Behavioralism in Political Science", *The American Political Science Review* Vol. 73 (1979).

라고밖에 할 수 없는 또 다른 본질적 요소가 존재하는 것도 사실일 것이다. 이 양면적 요소들에 대한 연구의 과정에서, 계속되는 문화의 영향이 유전적 요소에 과연 어떤 변화를 주는가 하는 질문이 또 하나의 연구 과제가 된 것도 재미있는 현상이라고 할 수 있다.[2]

인간성 연구에 초점을 맞추고 있는 정신분석학의 전개 과정을 보면, 그것은 결국 문화적 요소와 유전적 요소 간의 한계 및 그 관련성을 밝히려는 노력이었다고 해도 과언이 아니다. 처음 프로이트가 본능 이론을 내놓았을 때의 철학적 대전제는 인간의 내면에는 근본적으로 혹은 유전적으로 사랑과 죽음이라는 두 가지 본능이 있다는 것이었다. 그러나 이후 신프로이트 학파의 학자들은 본능이 아니라 오히려 문화적 양상이 인간성에 더 큰 영향을 준다고 주장해 왔다. 그리고 여기에 이어서 멜라니 클라인 등의 대상관계 이론(Object Relation Theory)에서는 환경이 인간에 미치는 '내사'(Introjection, 문화적 요인)와 인간의 본능이 환경을 향해 쏘아대는 '투사'(Projection, 유전적 요인)라는 두 가지 요소들의 상호 작용을 통해 인간의 무의식이 형성된다고 주장하기에 이른 것이다. 이로 볼 때 현대 정신분석학 연구의 핵심은 인간의 유전적 요소와 문화적 요소를 동시에 한번 살펴보자는 것으로 이해될 수 있다. 이것은 어떤 면으로는 본능의 문제와 문화적 영향을 섞어서 설명하는 것이 바람직하다는 뜻으로도 해석될 수 있는 것이다.

이런 설명이 의미 있는 해석이라고 한다면 그 다음 질문은 말할 것도 없이 인간 행동에 있어서 어떤 부분이 유전적 요소이며 어떤 부분이 문화적 영향인가 하는 점일 것이다. 현대 정신분석학은 이러

---

2) 유전자에 미치는 문화의 영향에 관한 이론은 <동아일보> 2000년 10월 19일자 '사이언스'판에 일부 설명되어 있다.

한 또 하나의 무거운 숙제를 안고 지금 헤매고 있다. 그 결과 학자에 따라 가지각색으로 유전적 요소와 문화적 요소의 한계가 설명되고 있다. 이러한 경향은 인간성에 관한 연구의 상당 부분이 아직도 해석학적 혹은 의미론적 범주를 벗어나지 못하고 있음을 반영한다고 할 수 있을 것이다.

그런데 요즈음 새롭게 연구되어 각 분야에 엄청난 파문을 일으키고 있는 게놈(Genome)의 문제를 통해 접근해 보면 우리가 풀지 못했던 유전적 의미의 인간성에 대한 연구도 부분적으로 해결될 수 있지 않을까 하는 생각을 갖게 된다. 그렇다면 게놈이란 무엇인가? 게놈은 '유전자'를 의미하는 'Gene'과 '전체'를 뜻하는 'Om'의 합성어이다. 게놈에 관한 논의는 1960년대 들어 인간 세포에 존재하는 단백질의 암호를 지정하는 일군의 유전자를 발견하면서부터 본격적으로 시작되었다. 게놈 연구의 핵심은 세포 하나가 한 개체의 아이덴티티(Identity)를 내포하고 있음에 주목하여 그 특징을 밝히는 것이라 할 수 있다. 구체적으로 게놈이란 세포 안에 들어 있는 정보의 총체로서 세포가 분열할 때 이 정보는 세포에서 세포로 전달되므로, 생물의 번식 시에 세대에서 세대로 전달되는 몇 미터 길이의 나선형 DNA 사슬이다. 그렇다면 이 게놈의 정보를 모두 알면 그 생명체의 본질적인 속성을 알 수 있게 되는 것이다.

여기서는 굳이 게놈의 복잡한 해독 논리를 논할 필요가 없을 것이다. 다만 중요한 것은, 게놈의 본질이 앞서 설명한 것과 같다면 인간의 경우 역시 이 게놈 구조의 파악을 통해 그 본성을 가장 과학적으로 이해할 수 있게 되리라는 점이다. 유전공학자들은 인간의 23쌍(46개) 염색체를 형성하는 약 32억 쌍(64억 개)의 DNA에 대한 염기 배열을

판독하게 된다면 유전에서 유래된 모든 질병의 원인을 파악할 수 있다고 말한다. 왜냐하면 DNA의 염기 배열에 따라 각종 생리 현상과 질병에 관계되는 단백질의 생성 과정이 결정되기 때문이다. 이 염기 배열은 아데닌(Adenine), 티민(Thymine), 시토신(Cytosine), 구아닌(Guanine)이라는 4개의 화학 물질의 나열로 이루어진다. 이 4개의 화학 물질은 편의상 그 머릿글자를 따서 A, T, C, G라고 불린다. 인체의 비밀(특히 유전의 비밀)을 파헤치는 핵심은 바로 이 4개의 알파벳 나열의 순서를 찾아내어 인간 게놈의 지도를 작성하는 일이다.[3]

게놈 지도에 대한 해석이 가능하게 되면 우리는 우리의 질병에 대한 속성, 나아가 왜 인간이 노화하는가에 대한 비밀까지도 다 알아낼 수 있다. 원인을 알면 급기야 문제 해결의 방법까지 나오게 마련이다. 한마디로 유전자 정보의 조작이 가능해지는 것이다. 예를 들면 당뇨병을 유발할 수 있는 유전자를 가지고 있다면 유전자 조작을 통해 그것을 치유할 수 있다. 암도 그렇다. 정상 세포의 돌연변이가 세 번 이상 반복되면 암세포가 될 확률이 높다는 현대 의학의 학설을 인정한다면, 그 암세포를 유발할 확률이 높은 유전자의 구조를 바꾸면 될 것이다. 머리와 피부 색깔도 바꿀 수 있을 것이며, 더 나아가 노화의 원인을 규명하여 이를 방지할 수도 있을 것이다. 그러면 인간은 무병장수를 누릴 수도 있게 된다.

이러한 상황을 성격에도 적용시킨다면 각 개인이 지닌 유전적 성격의 특성이 어떻게 이루어지는지도 알 수 있지 않겠는가? 그렇다면

---

3) 게놈에 관해서는 Daniel Cohen의 『휴먼 게놈을 찾아서』(김교신 옮김, 동녘, 1997)를 참조하였다. 인간 게놈 지도는 일차적으로 2001년 2월 12일 완성되었는데, 이에 따른 자세한 내용은 2001년 2월 13일자 각 신문에 잘 설명되어 있다.

유전적 성격 교정은 시간 문제이다. 어떤 특정 성격을 고치고 싶으면 그 성격을 유발하는 유전자 구조를 자기가 원하는 성격을 유발하는 구조로 바꾸면 될 것 아닌가? DNA 사슬에 다발의 형태로 존재하는 인간의 유전자는 생각보다 적어서 26,000개에서 30,000개 정도라고 한다. 그러므로 각 유전자의 특질을 밝히는 일은 현대 과학의 입장에서는 어려운 일이 아닐 것이다. 앞으로는 맞춤 인간이 등장하게 될 수도 있지 않을까?

덧붙여 한 가지 재미있는 시도를 해 볼 수도 있다. 그것은 조선 후기 이제마李濟馬(1839~1900, 호는 東武)의 사상의학四象醫學을 게놈이라는 과학적 방법으로 해석해 보는 일이다. 이제마는 인간의 감성적 요소를 육체의 장부와 연결하여 설명하고 있는데, 폐肺는 애哀와 관계가 있고, 비脾(위)는 노怒, 간肝은 희喜, 신腎은 락樂과 관계가 있다고 하였다. 즉 신이 강한 자는 즐거움을 좇는 일을 좋아하고 간이 건강하면 기쁨이 많으며, 폐는 슬픔과, 비는 노여움과 관계가 있다는 뜻이다. 우리 속담에 겁 없는 사람을 "간이 부었다"고 하는 것이 이러한 해설과 일맥상통한다고도 할 수 있다.4) 하여튼 우리는 그러한 시도를 통해 각 장부에 연결된 DNA의 특성이 성격적 요소와 연결된다는 해석을 내릴 수도 있는 것이다. 물론 이와 같은 설명은 게놈의 비밀이 완전히 밝혀짐으로써 명백해지는 일이겠지만……

그러나 '복제인간'까지 생각하면 정말 끔찍하다. 현재 생명공학 혹은 유전공학은 똑같은 생명체를 몇 개라도 복제해 낼 수 있다고 하지 않는가! 육체적 조건, 성격적 조건까지 똑같은 수많은 인간이

---

4) 희노애락과 사상의학에서의 체질 사이의 관련성에 대해서는 손병욱의 『사상의학의 이해』 상(행림출판사, 1997) 참조.

동시에 존재할 수 있게 된다는 것이다. 옛날에는 오직 신만이 가능하다고 생각된 일을 이제 인간이 행하게 되었으니 실로 엄청난 변화가 아닐 수 없다.

이야기를 여기까지 전개해 놓고 보니 조금 색다른 생각이 하나 떠오른다. 그간 우리도 알지 못했던 우리를 결정해 주는 어떤 근본 이치, 이것이 바로 게놈의 지도라고 한다면 그것은 주자학에서 논의해 왔던 리와는 어떤 관계가 있을까? 물론 리란 게놈 지도를 어떤 모양으로 설계할 수 있도록 해 주는 보다 근본적인 그 무엇일 수 있다. 그러나 조금 낮추어 생각해 보면 리가 바로 게놈의 정보 비밀 그 자체일 수도 있지 않겠는가? 인간이 인간으로서의 근본적인 성(本然之性)을 갖고 있는 것은 바로 인간의 게놈이 그러한 성질을 띠고 있기 때문일 것이다. 여기서 한 단계 더 눈높이를 낮추어, 리를 게놈의 유전적 요소로, 기를 환경·문화적 요소로 축소해서 설명할 수도 있겠다 하는 생각도 가져 본다.

물론 이 부분에는 더 많은 연구가 요구되겠지만 일단 게놈에 대한 연구가 과학의 틀 속에서 급진전을 보임으로써 그 동안 우리가 개념적으로만 이해했던 인간성의 본질인 주자학에서의 리와 기의 실체도 조금은 알 수 있게 되지 않을까 하는 생각이 든다. 이 문제가 해결된다면 이황과 기대승 사이의 논변도 새로운 해석으로 이해될 수 있을 것이다. 더불어 정신분석학에서 논란이 되고 있는 유전적 요소의 본질도 보다 과학적으로 규명될 수 있으리라는 기대심을 가지게 된다.

결론적으로 말한다면, 인간성 연구는 그 동안 해석적 의미를 강하게 지니고 있었지만 과학의 노력으로 말미암아 그 본질이 하나둘씩 벗겨져 가고 있는 중이다. 그리고 게놈 연구는 인간의 유전적 비밀을 밝힘으로써 인간성 연구에 있어서의 획기적 변화를 예고하고 있다. 이러한 변화는 인간 행동과 성격 규명에 있어서의 유전적 요소와 문화적 요소의 한계를 보다 구체적으로 밝혀 줄 것이므로, 서양의 정신분석학에도 새로운 전기가 마련될 것이라고 감히 말할 수 있다. 인간성 연구는 바야흐로 새로운 국면을 맞이하고 있는 것이다.

2. 왜 인간성에 대한 이해가 요청되는가

동서고금을 통해 수많은 철학자들이 인간을 논하고 자연과 우주를 논하여 왔지만 인간성에 관한 연구는 그렇게 생각보다 깊이 논의되지는 못한 것이 아닌가 하는 의문을 필자는 항상 가지고 있었다. 기대승과 프로이트를 비교해 보려는 시도는 물론 동·서의 인간성 이해에 대한 이론을 한번 살펴보자는 뜻도 있었지만, 그 속에는 인간성에 대한 연구가 얼마나 중요한지를 강조하고 싶었던 필자의 마음이 숨어 있다.

마르크스(Marx)는 계급 없는 사회를 강조한다. 밀(John S. Mill)은 또 책임 있는 자유를 강조한다. 칸트(Kant)는 각 개인이 갖고 있는 천부의 인권을 강조한다. 그 밖의 수많은 학자들이 인간과 사회를 논하면서 나름대로의 이상향을 주장한다. 그러나 필자는 이러한 주장들이 과연 인간의 본래적 모습, 즉 인간성이 따를 수 있는 이론인가 하는 질문을 던지지 않을 수 없다.

동양도 마찬가지이다. 공자는 인仁을 강조하였지만, 과연 인간들은 그 인仁을 실현할 수 있는 존재인가? 노자와 장자는 무위無爲를 말하였지만, 인간은 과연 그들이 말한 무위를 일상 생활에서 즐길 수 있을 것인가? 필자는 이러한 질문을 계속하면서 인간성에 대한 본질적인 전제 없이는 어떠한 이론도 모래성에 불과하다는 생각을 가지게 된다. 이룰 수 없는 목표를 설정해 놓고 그것이야말로 최고의 선이라고 말한다면 이것이 무슨 의미가 있겠는가!

1990년대를 맞아 소련의 공산주의는 소멸되었지만 2차대전 이후 전 세계의 모든 사회 이론은 민주주의와 공산주의라는 두 개의 주된 이념의 공방 속에서 끝없이 끌려 다녔다. 솔직히 말해 두 개의 이론 모두 다 일리는 있다. 어느 하나가 완전히 맞고, 다른 하나가 완전히 틀린 것은 아닐 것이다. 그러나 따지고 보면 결국은 인간성을 어떻게 이해하느냐에 따라 공산주의와 민주주의의 실현 가능성이 결정될 것 아닌가?

서문에서도 언급하였지만 필자는 프로이트의 이론을 접하고 나서 마르크스의 갈등 없는 사회의 이론은 인간성에 대한 이해를 너무 단순하게 처리한 것이 아닌가 하는 생각을 갖게 되었다. 헤겔의 '역사의 마지막 단계'(The Last Stage of History)도 마찬가지여서, 인간성에 대한 충분한 검토 없이 우리의 희망 사항만을 늘어놓은 것이 아닌가 하는 생각을 갖게 된다. 밀(John S. Mill)의 '남의 자유를 해치지 않는 범위 내에서 나의 자유 확대'라는 말도 그 한계가 애매하다. 과연 인간이 그렇게 합리적 또는 도덕적 존재일 수 있을까?

현대 자유주의 이론도 그 연원을 살펴보면 칸트에 근거를 둔 개인주의적인 '권리중심적 자유주의'(Right Based Liberalism)로 가야 하는가, 아니면 헤겔에 근거를 둔 '공동체 중심주의'(Communitarianism)로 가야 하는가 하는 논쟁에서 발전된 것이라고 할 수 있다. 그런데 여기에 우리 인간은 과연 어떤 속성을 가지고 있느냐 하는 문제를 던지고 나면 그 논쟁 또한 별볼일 없어지고 만다. 최근에는 참여민주주의(Participatory Democracy)니 신민주주의(Neo-Democracy)니 하는 별별 이론들이 다 나오고 있고 세계화(Globalism)니 평화주의니 하는 용어들도 등장하고 있지만, 이 모든 이론들에 있어서도 한 가지 미흡한 점이라면 역시 인간이 과연 그런 주의주장을 실천할 수 있을 것인가 하는 질문이 소외되고 있다는 점일 것이다.

국가 정책을 세우는 데도 그렇다. 보수주의자들은 도덕을 강조하고 진보주의자들은 개인의 자유를 주장한다. 그러나 이 논쟁도 결국은 인간성은 무엇인가 하는 전제가 약하다. 인간성에 대한 본질적인 이해 없이 희망 사항만을 나열하는 것은 모두가 의미 없는 주장일 수 있다. 어떤 정책입안자는 교통법규를 어긴 자에게는 무서운 형벌을 내려야 한다고 주장한다. 이 말에는 인간이란 벌을 줘야만 따르는 비합리적 존재라는 전제가 깔려 있다. 어떤 정책입안자는 홍보를 통해 교통법규의 준수가 모든 사람들을 편리하게 하는 것임을 인식시켜야 한다고 주장한다. 이 말에는 인간은 도덕적인 합리성을 가지고 있기에 잘 알아서 할 것이라는 전제가 깔려 있다. 따라서 우리 생활에 영향을 주는 모든 정책들, 그것들의 성패는 실로 인간성의 문제를 얼마나 잘 반영하고 있느냐에 달려 있다고 해도 과언이 아닐 것이다.

1950년대 이후 인간과 사회를 논하는 데 있어서 많은 학자들은 과학이라는 이름으로 보다 객관적인 사회 이론을 정립하려고 노력해 왔다. 그러나 이러한 노력에 있어서도 감히 말하고 싶은 것은, 어느 누구도 인간성에 대한 문제를 중요시하지 않았다는 것이다. 정치 이론, 경제 이론, 사회 이론, 이러한 모든 영역들에서 경험에 근거한 객관성이라는 이름 아래 그럴싸한 대안들을 내놓았지만, 그 속을 자세히 들여다보면 인간성을 어떻게 이해하고 있는가에 대한 답을 찾기는 어려웠다. 어떤 이는 희망 사항만을 나열해 왔을 뿐이고, 또 어떤 이는 인간의 복합적 사고는 아랑곳하지 않고 설문조사 등에 의거한 절름발이 주장만을 내세웠던 것이다. 설문조사라는 말이 나왔으니 한마디 하지 않을 수 없다. 광화문 네거리에 길을 막고 서서 "당신은 어떤 사람을 국회의원으로 뽑아야 한다고 생각합니까?"라고 물으면 모두가 '실력 있는 사람, 정직한 사람'을 말할 것이다. 그런데 실제 투표장에 가면 고향 사람, 자기 일 챙겨 주는 사람 등등을 찍어 버린다. 이건 어떻게 해석해야 할 것인가?

1950년대에 등장한 행태주의(Behavioralism)는 인간의 인식(Cognition)이 태도(Attitude)를 만들고 그 태도가 바로 행동(Behavior)으로 옮겨진다는 매우 그럴싸한 이론을 내세웠다. 이후 많은 학자들은 마치 행태주의의 방법론이 가장 정교한 행동 분석인 양 설문조사나 관찰 분석 등에만 의존하여 인간과 사회에 관한 연구를 거듭해 왔다. 물론 사실적인 행위를 관찰하는 데에는 설문조사 같은 것이 유효할 수 있다. 그러나 인간의 가치에 관한 문제와 관련되어 있는 한 행태주의의 방법으로는 인간 행동의 변화 원리를 찾아내기 어렵다. 오죽했으면 '정신분석학적 사회 이론'(Psychoanalytic Social Theory)이란 새로운 영역이 생겨났을까! 이는 인간성에 대한 본질적 이해를 통해 인간의 사회적 행동을 분석해 보자는 이유 때문일 것이다. 이 이야기를 하려면 또 한정이 없으니 이만 줄일 수밖에 없다.

이야기를 바꾸어서 철학에 있어서도 마찬가지이다. 시대가 바뀌면서 철학의 분야는 산산조각이 나 버렸다. 철학의 영역은 사회학,

역사학, 정치학, 경제학, 심리학, 정신분석학 등의 분야로 세분화되었는데, 어떤 면에서는 윤리학과 논리학 정도만이 철학의 이름을 나름대로 지속시켜 왔다고 할 수 있다. 그러다 보니 자연히 인간성 연구에 대한 논의도 소홀해져서, 그것은 심리학이나 정신분석학 등에서만 논의되어 왔다. 그런데 정신분석학 역시 정신질환의 치료라는 목적에 초점이 맞추어지다 보니 의료적 입장에서의 연구가 주종을 이루게 되고, 그 결과 일반적인 인간성 연구와는 약간은 동떨어진 듯하다는 느낌을 주게 되는 것은 부인할 수 없는 사실이다.

이처럼 인간성 연구가 소외되고 있는데도 나서는 자가 별로 없다. 이 문제가 해결되지 않고서는 어떠한 이론도 그 실현 여부를 장담할 수 없는데 말이다. 그저 나름대로 추측하고 나름대로 상상해서 희망 사항을 나열하는 것이 작금의 모든 사회 이론이 지닌 큰 병폐라고 말한다 해도 과언은 아니다. 따라서 지금이야말로 다시 고개를 돌려 우리 자신의 문제부터 더 열심히 연구해야 하는 것이다. 자기 자신에 대해서도 모르면서 어떻게 자기가 살고 있는 이 사회를 가꾸어 갈 수 있다는 말인가!

예문서원의 책들

원전총서

왕필의 노자 王弼 지음·임채우 옮김·336쪽·값 13,000원·『老子王弼注』
박세당의 노자 박세당 지음·김학목 옮김·312쪽·값 13,000원·『新註道德經』
율곡 이이의 노자 이이 지음·김학목 옮김·152쪽·값 8,000원·『醇言』
홍석주의 노자 홍석주 지음·김학목 옮김·320쪽·값 14,000원·『訂老』
북계자의 陳淳 지음·김충열 감수·김영민 옮김·295쪽·값 12,000원·『北溪字義』
역학계몽 — 주희 도서역의 해설 朱熹 지음·김상섭 해설·288쪽·값 7,000원·『易學啓蒙』
주자가례 朱熹 지음·임민혁 옮김·496쪽·값 20,000원·『朱子家禮』
고형의 주역 高亨 지음·김상섭 옮김·504쪽·값 18,000원·『周易古經今注』
신서 劉向 지음·임동석 옮김·728쪽·값 28,000원·『新序』
한시외전 韓嬰 지음·임동석 역주·868쪽·값 33,000원·『韓詩外傳』
서경잡기 劉歆 지음·葛洪 엮음·김장환 옮김·416쪽·값 18,000원·『西京雜記』
고사전 皇甫謐 지음·김장환 옮김·368쪽·값 16,000원·『高士傳』
열선전 劉向 지음·김장환 옮김·392쪽·값 15,000원·『列仙傳』
열녀전 劉向 지음·이숙인 옮김·447쪽·값 16,000원·『列女傳』

강좌총서

강좌중국철학 周桂鈿 지음·문재곤 외 옮김·420쪽·값 7,500원·『中國傳統哲學』
강좌인도철학 Mysore Hiriyanna 지음·김형준 옮김·240쪽·값 4,800원
강좌한국철학 — 사상·역사·논쟁의 세계로 초대 한국철학사상연구회 지음·472쪽·값 12,000원

한국철학총서

한국철학사상사 朱紅星, 李洪淳, 朱七星 지음·김문용, 이홍용 옮김·548쪽·값 10,000원·『朝鮮哲學思想史』
기호학파의 철학사상 충남대학교 유학연구소 편저·665쪽·값 18,000원
실학파의 철학사상 朱七星 지음·288쪽·값 8,000원
윤사순 교수의 신실학 사상론 — 한국사상의 새 지평 윤사순 지음·350쪽·값 10,000원
실학의 철학 한국사상사연구회 편저·576쪽·값 17,000원
조선 유학의 학파들 한국사상사연구회 편저·688쪽·값 24,000원
윤사순 교수의 한국유학사상론 윤사순 지음·528쪽·값 15,000원
실학사상과 근대성 계명대학교 철학연구소 홍원식 외 지음·216쪽·값 7,500원
조선 유학의 자연철학 한국사상사연구회 편저·420쪽·값 15,000원
한국유학사 1 김충열 지음·372쪽·값 15,000원
퇴계의 생애와 학문 이상은 지음·248쪽·값 7,800원
율곡학의 선구와 후예 황의동 지음·480쪽·값 16,000원
退溪門下의 인물과 사상 경북대학교 퇴계연구소 지음·732쪽·값 28,000원
한국유학과 리기철학 송영배, 금장태 외 지음·304쪽·값 10,000원
圖說로 보는 한국 유학 한국사상사연구회 지음·400쪽·값 14,000원
다카하시 도루의 조선유학사 — 일제 황국사관의 빛과 그림자 다카하시 도루 지음·이형성 편역·416쪽·값 15,000원
퇴계 이황, 예 잇고 뒤를 열어 고금을 꿰뚫으셨소 — 어느 서양철학자의 퇴계연구 30년 신귀현 지음·328쪽·값 12,000원
조선유학의 개념들 한국사상사연구회 지음·648쪽·값 26,000원

노장총서

도가를 찾아가는 과학자들 — 현대신도가의 사상과 세계 董光璧 지음·이석명 옮김·184쪽·값 4,500원·『當代新道家』
유학자들이 보는 노장 철학 조민환 지음·407쪽·값 12,000원
노자에서 데리다까지 — 도가 철학과 서양 철학의 만남 한국도가철학회 엮음·440쪽·값 15,000원
위진 현학 정세근 엮음·278쪽·값 10,000원

성리총서

양명학 — 왕양명에서 웅십력까지 楊國榮 지음 · 정인재 감수 · 김형찬, 박경환, 김영민 옮김 · 414쪽 · 값 9,000원 · 『王學通論』
상산학과 양명학 김길락 지음 · 391쪽 · 값 9,000원
동아시아의 양명학 최재목 지음 · 240쪽 · 값 6,800원
범주로 보는 주자학 오하마 아키라 지음 · 이형성 옮김 · 546쪽 · 값 17,000원 · 『朱子の哲學』
송명성리학 陳來 지음 · 안재호 옮김 · 590쪽 · 값 17,000원 · 『宋明理學』

카르마총서

불교와 인도 사상 V. P. Varma 지음 · 김형준 옮김 · 361쪽 값 10,000원
파란눈 스님의 한국 선 수행기 Robert E. Buswell, Jr. 지음 · 김종명 옮김 · 376쪽 · 값 10,000원
학파로 보는 인도 사상 S. C. Chatterjee, D. M. Datta 지음 · 김형준 옮김 · 424쪽 · 값 13,000원
불교와 유교 — 성리학, 유교의 옷을 입은 불교 아라키 겐고 지음 · 심경호 옮김 · 526쪽 · 값 18,000원
유식무경, 유식 불교에서의 인식과 존재 한자경 지음 · 208쪽 · 값 7,000원

강의총서

김충열 교수의 유가윤리강의 김충열 지음 · 182쪽 · 값 5,000원
김충열 교수의 노장철학강의 김충열 지음 · 336쪽 · 값 7,800원

일본사상총서

일본 신도사 무라오카 츠네츠구 지음 · 박규태 옮김 · 312쪽 · 값 10,000원 · 『神道史』
도쿠가와 시대의 철학사상 미나모토 료엔 지음 · 박규태, 이용수 옮김 · 260쪽 · 값 8,500원 · 『德川思想小史』
일본인은 왜 종교가 없다고 말하는가 아마 도시마로 지음 · 정형 옮김 · 208쪽 · 값 6,500원 · 『日本人はなぜ 無宗教のか』

동양문화산책

공자와 노자, 그들은 물에서 무엇을 보았는가 사라 알란 지음 · 오만종 옮김 · 248쪽 · 값 8,000원
주역산책 朱伯崑 외 지음 · 김학권 옮김 · 260쪽 · 값 7,800원 · 『易學漫步』
죽음 앞에서 곡한 공자와 노래한 장자 何顯明 지음 · 현채련, 리길산 옮김 · 290쪽 · 값 9,000원 · 『死亡心態』
공자의 이름으로 죽은 여인들 田汝康 지음 · 이재정 옮김 · 248쪽 · 값 7,500원
중국, 예로 읽는 봉건의 역사 王琦珍 지음 · 김응엽 옮김 · 260쪽 · 값 8,000원 · 『禮與傳統文化』
동양을 위하여, 동양을 넘어서 홍원식 외 지음 · 264쪽 · 값 8,000원
서원, 한국사상의 숨결을 찾아서 안동대학교 안동문화연구소 지음 · 344쪽 · 값 10,000원
중국의 지성 5人이 뽑은 고전 200 王燕均 王一平 지음 · 408쪽 · 값 11,000원
안동 금계 마을 — 천년불패의 땅 안동대학교 안동문화연구소 지음 · 272쪽 · 값 8,500원
녹차문화 홍차문화 츠노야마 사가에 지음 · 서은미 옮김 · 232쪽 · 값 7,000원
이 땅에서 우리 철학 하기 윤천근 지음 · 280쪽 · 값 8,500원
안동 풍수 기행, 와혈의 땅과 인물 이완규 지음 · 256쪽 · 값 7,500원
안동 풍수 기행, 돌혈의 땅과 인물 이완규 지음 · 328쪽 · 값 9,500원
茶聖 초의선사와 대둔사의 다맥 임혜봉 지음 · 240쪽 · 값 7,000원
영양 주실마을 안동대학교 안동문화연구소 지음 · 332쪽 · 값 9,800원

예술철학총서

중국철학과 예술정신 조민환 지음 · 464쪽 · 값 17,000원
풍류정신으로 보는 중국문학사 최병규 지음 · 400쪽 · 값 15,000원

예문동양사상연구원총서

한국의 사상가 10人 — 원효 예문동양사상연구원/고영섭 편저 · 572쪽 · 값 23,000원
한국의 사상가 10人 — 의천 예문동양사상연구원/이병욱 편저 · 464쪽 · 값 20,000원
한국의 사상가 10人 — 지눌 예문동양사상연구원/이덕진 편저 · 644쪽 · 값 26,000원